EL REGALO LLAMADO JESUCRISTO

Osmond Henry Owusu

Número de Control de la Biblioteca del Congreso: 2011933095
ISBN: Tapa Blanda 978-1-6176-4715-4
Libro Electrónico 978-1-6176-4714-7

Prefacio por el Reverendo William W. Dontoh
Superintendente General, Asambleas de Dios, Ghana

Este Libro fue impreso en los Estados Unidos de América.

Para ordenar copias adicionales de este libro, contactar:
Palibrio
1-877-407-5847
www.Palibrio.com
ordenes@palibrio.com
339423

DEDICACIÓN

Este libro está dedicado a la memoria de mi padre Isaac Owusu, mi querida esposa Felicia y mis hijos: Theresa, Fred, Philip y Gideon. También está dedicado a todas las personas que se inclinan a complacer al Señor Jesucristo.

APRECIACIÓN

¿Cuál podría ser la mejor manera de dar las gracias a todas las personas que de una manera u otra hicieron este libro una realidad?

Permítame agradecerles a las siguientes personas:

1. Al Espíritu Santo por su inspiración, revelaciones y habilitación.

2. Los Reverendos Anane Asane y Dr. J. B. Ghartey por el editorial hercúleo e investigación de antecedentes que hicieron con los manuscritos.

3. El Reverendo John Felix Yeboah, el Reverendo J.K. Sam, el Reverendo Wiredu Nkrumah, el Reverendo George Boaheng y el Reverendo Steve Wengam por su apoyo de padre o hermano, consejos y aliento.

4. A mí querida esposa Felicia y mis hijos por su paciencia y apoyo inquebrantable.

5. A mis amigos cristianos de Apam Secondary School quienes son Richard y Juanita Opuku, Ebo y Ellen Mbeah, Essah Amoaful y

esposa Comfort, Philo Dagadu, Francis Asare, y Albert Benyarko por su apoyo y aliento.

6. A mi colega, Karina Vélez de Garcia, por la traducción del libro al español.

ÍNDICE

PREFACIO

REVERENDO WILLIAM W. DONTOH
Superintendente General, Asambleas de Dios, Ghana

Este libro ha sido escrito en el momento indicado cuando muchos carecen del conocimiento verdadero de la persona que es Jesucristo.

Los tiempos en los que estamos se comparan al evento que ocurrió en la región de Cesarea de Filipo en Mateo 16 cuando Jesús les pregunto a los discípulos quien creían los hombres y ellos que él era. Estaba claro por las respuestas dadas que el público, incluyendo los discípulos de Jesús, carecían de la revelación verdadera de quien era Jesús. Una revelación divina impartida a Pedro fue lo que tomó para revelar quién era Jesús a los discípulos.

El hermano Osmond, un escritor prolifero y un creyente maduro en Cristo inspirado por el Espíritu Santo, ha revelado en este libro a Jesús como un regalo para la humanidad, su deidad y atributos como Gobernante, Consejero, Dios Poderoso como es declarado en Isaías 9:6. El hermano Osmond les recuerda a los creyentes que Jesús debe de ser recibido como un regalo y el que lo recibe debe de crecer con su conocimiento y operar por sus principios de operación. Es hasta este momento que el regalo será de beneficio completo para el que lo recibe.

El entender el papel y los atributos de Jesús como Gobernante, Maravilloso, Consejero, Dios Poderoso, Padre Eterno, y Príncipe de Paz enriquecerá la vida cristiana y equipará al creyente a tener acceso a los beneficios que van con la persona de Jesús.

Otra revelación fascinante hecha por el hermano Osmond es el hecho de que el aumento de su gobierno no conoce fin. Esto significa que cualquier persona asociada con él y que se someta a su gloria experimentará un sin fin de gracia y bendiciones.

El mensaje en este libro es presentado de una manera simple y que se puede usar como una guía de estudio de la biblia.

Yo recomiendo este libro para las escuelas de la biblia y ministerios del evangelio quienes quieran enseñar sobre Cristo extensivamente. De hecho, este libro debería de ser una necesidad para cada creyente.

Desearía elogiar al autor por este trabajo bien hecho y orar para que bendiga a mucha gente como lo ha hecho conmigo.

COMENTARIOS

El Regalo Llamado Jesucristo es un libro para gente laica, pastores y educadores Cristianos. El Regalo Llamado Jesucristo es un libro para laicos, pastores, y educadores cristianos. He leído el libro en su totalidad y he encontrado su contenido enriquecedor, inspirador y esclarecedor. La exposición del autor de la escritura que revela a Jesucristo como un regalo para el mundo es muy certera e increíble.

Andrew Anane-Asane
Dip. Bib. Studies, B. TH., M. A. Miss., M. Div.
(The Academic Dean, Southern Ghana Bible College (Assemblies of God), Saltpond, Ghana.)

Rara vez he leído algo tan detallado en la presentación minuciosa de Cristo, su propósito y destino para el hombre y la iglesia. Mi vida es más rica y mi amor y apreciación por Cristo es más profunda gracias a este libro. Este libro ha dejado una huella en mí y creo que hará lo mismo en muchas otras personas.

Mr. Alex Owusu Ansab
(The General Manager, Agricultural Development Bank, Tema, Ghana)

Este es una presentación honesta de la persona y el trabajo de Jesucristo. El hermano Osmond hace que usted se enamore del trabajo de redención de Cristo y logra que vea la necesidad de aceptar su gloria. Es una exposición brillante de la materia de la Cristología.

Rev. Dr. John b. Ghartey
Snr. Lecturer in School of Theology & Missions
Central University College, Accra, Ghana.

INTRODUCCIÓN

Algunas personas ven a Jesucristo como un bebé en el pesebre al cual se le recuerda solamente durante navidad. Otros lo ven como el gran maestro que vivió en Palestina y otros lo ven como un profeta que vivió. Algunos lo ven como a alguien que se le llama el salvador aunque no están seguros de que salvo a la gente. Algunos claman que él era negro, otros claman que él era blanco. Muchos lo han admirado por su palabra e interminable influencia en el mundo. Algunos solo lo recuerdan durante la cuaresma. Él es mencionado en casi todas las religiones hoy en día desde un punto de vista argumentativo es decir.

El punto principal es que su persona, misión real, y propósito para venir a este mundo son usualmente ignorados. Sin embargo esta persona llamada Jesús debe ser vista otra vez en la luz de la escritura. Primero, uno no puede ignorar esta persona, cuyo movimiento espiritual, al nivel humano, es el más abundante y poderoso del planeta tierra. Segundo, uno no puede ignorarlo por los milagros y efectos que cambian la vida a través de su nombre y palabra.

Esta exposición esta designada para dar más luz a la persona de Cristo, lo que vino a hacer al mundo, sus pensamientos hacia usted y lo que es capaz de hacer por todo aquel que decida darle una oportunidad en su vida. **Expuesto en Isaías 9:6,7.**

En nuestro texto dorado, Isaías 9: 6-7, la biblia ecos así, "*Porque un niño nos es nacido, hijo nos es dado, y el principado sobre su hombro; y se llamará su nombre Admirable, Consejero, Dios fuerte, Padre eterno, Príncipe de paz. Lo dilatado de su imperio y la paz no tendrá límite, sobre el trono de David y sobre su reino, disponiéndolo y confirmándolo en juicio y en justicia desde ahora y para siempre. El celo de **Jehová** de los ejércitos hará esto.*" Vemos en este texto dorado un vislumbre de la persona llamada Jesucristo. La santa biblia muestra revelaciones claves acerca de él que no deben ser desapercibidas porque pueden cambiar su vida de una manera positiva. Estas son clave para el conocimiento espiritual las cuales Dios revelo a través de su profeta Isaías mostrando quien, en verdad, es Jesucristo; su propósito y misión en la tierra para usted y para mí.

El texto muestra a Jesucristo como un regalo de Dios, la razón de su bonanza, su naturaleza y lo que él puede hacer. También muestra su actitud y fuerza para el trabajo y por último el eminente resultado de su obra.

Esta exposición es por eso escrita como un intento de permitir al lector ver a Jesucristo en la luz de la escritura y lo que él es capaz de hacer en la vida de uno si se le da una pequeña oportunidad. Desafía nuestro conocimiento acerca de lo que podríamos estarnos perdiendo sin Cristo; el nivel al cual nosotros le permitamos influenciarnos directamente determina el éxito de nuestra vida, de acuerdo al punto de vista de Dios.

El lector es por eso exhortado a humildemente leer este libro en una manera de oración y el Señor Jesucristo le hablará acerca de él y de lo que ha preparado para su vida.

Algunas personas podrían tener la noción de estar bien por virtud de sus posesiones. A estas personas se les exhorta para aceptar el hecho de la verdad que la vida de una persona (éxito) no está en la abundancia de cosas que él o ella posee (Lucas 12: 15). Es el deseo y la oración del escritor que el lector se dé cuenta de que Dios desea darle paz y un final esperado (Jer. 29: 11). Por eso a usted se le urge por la merced de Jehová a seguir leyendo, y seguir leyendo, porque usted encontrará a Dios.

Este Regalo de Dios es dado por gracia para nuestra restauración. Nosotros perdimos todo lo que originalmente teníamos del señor; y a través de este regalo llamado Jesucristo, Dios está restaurando a tantos estén dispuestos sobre nuestra posición de dignidad y dominio. Dios está mostrando su gracia en la persona llamada Jesucristo para que usted y yo podamos reinar en esta vida bajo la misma gloria de Jehová.

Romanos 5: 15, 17 dice, "*Pero el don no fue como la transgresión; porque si por la transgresión de aquel uno murieron los muchos,* ***abundaron mucho más para los muchos la gracia y el don de Dios por la gracia de un hombre, Jesucristo.*** *Pues si por la transgresión de uno solo reinó la muerte, mucho más* ***reinarán en vida por uno solo, Jesucristo, los que reciben la abundancia de la gracia y del don de la justicia."***

Si usted desea, en realidad, reinar en esta vida entonces la buena noticia es que Cristo vino como el regalo de la gracia de Dios para que nosotros pudiéramos reinar en cada área de nuestra vida a través de él.

Capítulo Uno
Un Regalo

'Su misma actitud hacia Jesucristo determina lo que usted pueda entender de él,'

Osmond

Definiciones y Condiciones de un Regalo

Del texto dorado de Isaías 9: 6a, *"Porque un niño nos es nacido, hijo nos es dado . . . ,"* la biblia enfáticamente afirma las circunstancias bajo las cuales Jesucristo vino a este mundo. Aquí, la palabra de Dios indica que Jesucristo es un regalo para la humanidad. Así, él fue enviado hacia nosotros como un regalo de Dios Padre. Como se revela en el texto hay algunas razones específicas por las cuales Jesucristo nos es dado para nuestro bien.

Veamos lo que en realidad es un regalo, las condiciones con las que viene, y su potencial. Un regalo es algo dado a otras personas o las cosas que recibimos de algunas personas. Si el pago dado por los artículos comprados constituye algo dado entonces, ¿qué es un regalo? **Un regalo puede entonces ser definido en términos simples como**

algo dado o recibido de alguien, no en términos de saldo de deudas o cuentas (en un sentido negativo). Es por esto que no deben de existir condiciones. Cuando el objeto es dado para influenciar un veredicto o para influenciar de una manera negativa el curso correcto de una acción entonces se convierte en un soborno. Un regalo en toda la expresión de la palabra es afirmado cuando es recibido.

Esto constituye que Jesucristo se nos es dado sin ninguna condición. Él no se nos da como una cuenta a saldar; en otras palabras, Dios no nos debe nada y no está usando a Jesucristo para pagarnos sino que Dios está ofreciéndonos a Jesucristo como una manera de demostrar su amor por nosotros. Es por esto que no hay un motivo subsiguiente para Dios darnos a Cristo. **Jesús es entonces *el distribuidor de bendiciones* de Dios todo Poderoso hacia nosotros, ¡un paquete de todas las cosas buenas de Dios para Usted! Usted debe de aceptarlo. Nunca deje pasar este DISTRIBUIDOR.** "Y vosotros estáis completos en él . . ." *Col. 2: 10*

Potencial del Regalo

Cada regalo tiene el potencial de ser una bendición o lo contrario para el que lo recibe. Un regalo cuando recibido por alguien se convierte en una semilla en la vida de esa persona. El potencial de esa semilla en el regalo será logrado si se le da el uso propio al regalo. Así una persona puede recibir un regalo y lo puede dejar inactivo; sin darle el uso propio, y por lo tanto, no darse cuenta de lo que el regalo puede hacer por él o ella.

Por eso para que cualquier regalo sea una bendición para usted, usted debe primero recibirlo; tener la habilidad de saber de que está hecho o que uso se le puede dar; y entonces prácticamente hacer uso de él. Una falla en alguno de estos pasos por ignorancia, presunción o cualquiera que pudiera ser la razón, le costará la realización completa de las bendiciones que el Regalo le pudiera impactar en su vida.

Jesucristo, de acuerdo a las escrituras sagradas, es dado a nosotros por Dios Jehová como un Regalo para nuestro bien. Si alguna persona desea tener el máximo número de bendiciones obtenible, entonces esa persona debe de seguir los siguientes pasos. Si esa es su oración, entonces usted debe de:

- Recibirlo. Jn. 1: 12
- Creced en el conocimiento de nuestro Señor. 2 P. 3: 18, Col. 2: 2-3
- Regirse por los principios del Señor (prácticamente hacer uso del regalo como es debido). Jn. 15: 7, 16.

Usted ya debe de haberse dado cuenta de que su actitud hacia Jesucristo determina lo que usted entienda de él. Desafortunadamente, mucha gente en la actualidad lo rechaza para su propio detrimento. Yo se lo recomiendo completamente a usted en este día.

Las escrituras revelan a Jesús. Niéguese a seguir siendo un bebé espiritual para siempre. Usted necesita crecer y convertirse en una persona madura. **Jesús Desea que Usted lo Conozca Más.**

No es suficiente con saber lo que Jesús es y lo que dice. Él dice. Cuando descubrimos lo que es un regalo, debemos de darle su uso propio. Imagine que le dan una licuadora y usted la quiere usar para pulverizar piedras. Obviamente no le servirá. ¿Por qué? Porque usted no le está dando el uso apropiado. De la misma manera, si usted decide no regirse por los principios del Señor Jesucristo, nada le funcionará. Sólo sigua lo que él dice y obedezca lo que él manda y eso es todo. Si usted no quiere hacer lo que él dice entonces olvídelo. Usted es responsable por cada una de las partes de la palabra de Dios que usted sabe. Jn. 14: 21-24, 13-15.

Usted se habrá dado cuenta ahora que muchos de nosotros estamos en la iglesia hoy y todavía estamos atravesando por serios tumultos y malestares en la vida porque no hemos entendido lo que tenemos en nuestras manos. No sabemos realmente quien es Jesucristo y cómo podemos tener sus bendiciones totalmente.

Haga una pausa por un momento. Reflexione sobre lo que ha leído hasta este momento. Si usted no le ha entregado su vida al Señor Jesús completamente, tiene que hacerlo ahora. Quizás usted le ha entregado su vida pero es perezoso para buscarlo o aprender seriamente sobre él. Quizás usted está tratando de vivir su vida a su manera y criterio. Por favor arrepiéntase de esto. Vaya ante Dios con una oración en este momento. Es mejor ser sinceros ante el Dios que sabe todo de nosotros y quien también tiene el poder de ayudarnos. La biblia dice que Jesucristo tiene el poder de salvar perpetuamente a los que por él se acercan a Dios. (He. 7: 25).

Capítulo Dos
El Regalo de un Ser Llamado Dios

'Jesucristo es lo Mejor que el Único Dios Jehová tiene para la humanidad.'

'Cualquier experiencia que una persona haya considerado verdadera pero que es contraria a la biblia, es apariencia y/o una indudable mentira. La realidad es Jesucristo.'

Osmond

La Excepcionalidad de Dios

Veamos al ser llamado Dios y relacionémoslo al regalo. El ser llamado Dios Jehová es único. No hay ninguno que se le compare. Sus atributos y características lo hacen excepcional. Estas cualidades lo posicionan sobre todas las cosas en todas las áreas de la existencia. Como el filósofo dijo, él es la causa no causada. Él es antes de todas las cosas y todas las cosas fueron hechas por él y para él. Por su poder, el orden creado es sostenido para operar de la manera que él lo diseño hasta este día. Es así que Dios es grande y poderoso. Es así que usted y yo, los animales en los campos, las aves en el cielo, los demonios y los ángeles; las cosas visibles e invisibles, todas son creadas y operadas como él lo designo. El es el creador, quien no fue creado (Jn. 1: 1, Col. 1: 15-18).

Hay cinco atributos esenciales de Dios (cualidades que lo hacen Dios). Estos atributos lo distinguen de cualquier otro ser o lugar, Dios como Dios, único, en todo sentido de la palabra. De acuerdo a Dennis J. Mock en su libro 'Bible Doctrine Survey,' Dios es:

- Espíritu (No físico, invisible, no puede ser representado por nada). (Jn. 4: 23-34, Ro. 1: 18-25).

Podríamos así deducir que es una falta de guía y tontería montar un ídolo para adorarlo (Ro. 1: 21-25). Ridiculizamos realmente a Dios cuando nos envolvemos en la adoración de imágenes de cualquier forma o clase (Ex. 20: 4-5).

- Vida (La vida proviene de Dios; toda vida proviene y se deriva de Dios; él otorga, sostiene, y recoge toda vida) (Col. 1: 17, Gn. 2: 7, Jn. 1: 3-4).

Le debemos nuestra existencia a Dios. Todas las cosas creadas existen y funcionan por el poder de Dios; nuestro poder de ser se deriva de Dios. Así es como él solo posee el permiso de existencia para cualquier persona o cosa. Todos los arrogantes, personas destituidas de virtud y los rebeldes en contra de Dios existen por su misericordia (personas visibles e invisibles por igual). Le rendimos cuentas a él de acuerdo a como usamos la vida; a él quien nos dio permiso de vivir. Debemos de mostrar nuestra gratitud hacia él.

- Perfecto (Totalmente sin defectos, existe en el estado de absoluta excelencia, completamente correcto y certero, completo, no le falta nada). (Mt. 5: 48, Dt. 32: 4, S. 22: 31).

Dios no puede nunca cometer errores. Los principios y patrones de Dios hacia nosotros son simplemente los mejores. La voluntad de Dios, la cual es por nuestro propio bien, nunca debe ser negada. La suprema importancia de la palabra de Dios (la biblia) no puede ser sobre-enfatizada aquí. Dios tiene la capacidad de hacer **cualquier** cosa que él desee; a él no le falta nada para ningún propósito.

- Único (Inigualado e incomparado, no hay nadie como él; sobre la creación). (2 S. 7: 22, Is. 40: 10, Dn. 4: 34-35).

No otro ser posee las cualidades de Dios y al mismo nivel. No otro ser merece ser venerado; no hay otro Dios sino el Señor. Cualquier cualidad buena que encontremos en algún ser es simplemente lo que Dios posee y ha impartido dentro de ese ser. Piense en algunas personas que se ven a sí mismas como llenas de conocimientos hasta el punto que ridiculizan a Dios con lo que ellos llaman ciencia, tecnología, realidad, y filosofía. **No otro ser puede igualar a Dios en nada.**

- Eterno (Es ahora, siempre ha sido y por siempre será. Sin un principio, sin un fin). (Sal. 90: 2, 1 Ti. 6: 16, Ex. 3: 14, Is. 40: 13-14).

Dios no tiene edad: siempre el mismo, sus cualidades de ser no se estrechan o disminuyen con el paso del tiempo. Dios creó el tiempo. El marco del tiempo descansa en Dios.

Todo lo que pudiera pasar dentro del marco de tiempo se conformará últimamente al gran diseño de Dios quien creó el tiempo. Dios siempre ha existido y existirá con las mismas cualidades.

Hay otras cualidades de Dios que deben de mencionarse (**atributos derivados de los esenciales**) para el propósito de nuestro estudio. Dios es:

- Sagrado (Perfectamente puro y permanentemente libre de pecado; él no puede pecar). (1 S. 2:2).

Dios no puede pecar. Por virtud de su pureza perfecta, el pecado se convierte en la falta de un estándar impuesto por Dios. Cualquier acción, pensamiento o gesto que viole la naturaleza de Dios es entonces un pecado. El carácter central de Dios es la santidad que él les comprueba a las personas que se acercan a él. Usted entonces no tiene opción más que de ser sagrado también; sin esto, usted no podrá entonces ver a Dios.

- Trascendente (Más alto que y sobre todas las cosas). (Job. 11:7-8).

Por virtud de su posición como el Creador, Dios está sobre la totalidad del orden creado. Cualquier cualidad vista en Dios es astronómicamente, incomparablemente e infinitamente más arriba y alta que la de cualquier otro ser. Así que la instrucción, el conocimiento y la sabiduría de Dios son mucho más altos que los de cualquier otra persona. La opción lógica y razonable entonces para el conocimiento y la sabiduría que conceden la verdadera paz, seguridad, alegría, éxito y riqueza es la de Dios. Lo mejor para todos es ser sumisos a la nobleza y liderazgo de Cristo.

- Auto-existente (Por siempre vive sin el apoyo de nada o nadie). (Is. 40: 13-14).

Sólo Dios puede existir sin el apoyo de nada. Todas las demás cosas, visibles e invisibles, dependen de Dios para todo lo relacionado con la vida y la existencia. La vida física en la tierra recurre a otras cosas físicas para sobrevivir (aire, agua, comida de otras cosas vivientes), ropa (de otras cosas), refugio, servicios, etc. El mejor apoyo para todas las cosas viene así del Señor. Necesitamos apreciar y ofrecer nuestras vidas al Señor Jesucristo.

- Infinito (No tiene límites en todas sus cualidades y habilidades, libre de todas limitaciones). (1 R. 8: 27, Jer. 23: 23-24).

Dios no tiene límites en ninguna de sus cualidades. A Dios no se le puede cansar en ninguna de sus capacidades cuando se trata de mantener las cosas que él ha hecho funcionando en orden. A Dios no se le puede vencer.

Dios está siempre alerta y consiente. Dios nunca se queda corto en recursos para hacer lo que necesita. Nada se le puede salir de las manos en este reino de existencia.

- Inmutable (No cambia para bien o para mal). (He. 13: 8).

Dios no se hace joven o viejo. Dios no incrementa o disminuye en conocimiento o experiencia. Dios no cambia en su ser, ni cambia el nivel al cual él pudiera manifestar una cierta cualidad o habilidad de su naturaleza. Dios no cambia en sus principios de operación; estos siempre se ajustan a su naturaleza. Si Dios fuera a cambiar, no se le podría confiar que fuera Dios.

- Omnipotente (Posee todo el poder, habilidad, y fuerza). (Jer. 32: 17)

Cualquier capacidad para hacer algo proviene de Dios. Como todo es creado por Dios, la suma total de todo poder (espiritual y físico) en el orden creado (universo) emanó de Dios también. Así, el poder total del universo completo es fraccional al poder de Dios.

La omnipotencia de Dios es también vista en la manera que el universo completo se mantiene en orden funcional. Todo lo que los humanos vinieron a lograr en el universo está funcionando como ha sido programado. (He. 1: 1-3, Col. 1: 16). Su omnipotencia es capaz de mantener todo lo que ha hecho bajo su control total. Ap. 21: 1-10; así nada se puede salir de su control.

- Omnisciente (Sabe y entiende todas las cosas a cualquier momento). (Is.46: 10).

Todos los actos, hechos y habilidades o cualquier cosa llamada información que pudiera saberse alguna vez, son conocidos por Dios a todo momento. Dios posee la base de conocimiento necesaria para la creación, sustentabilidad de la creación y más. Dios es la 'inteligencia' detrás de este sistema complejo o mundos de existencia, visible e invisible, micro y macro niveles, llamados el universo. Dios posee toda la sabiduría, conocimiento, y habilidad para manejar el universo para su propósito deseado. La voluntad y los principios de Dios son así los mejores. Dios posee hoy el conocimiento de cualquier cosa que está por pasar mañana. Nada toma a Dios por sorpresa. Dios entiende todo. Nada es un misterio o complejo para ser manejado por Dios.

- Omnipresente (Todo está bajo su presencia todo el tiempo). (Sal. 139: 7-12).

Todas las cosas que Dios ha hecho están bajo su presencia todo el tiempo. Nada es secreto ante Dios. Por su responsabilidad absoluta sobre su creación, todo se manifiesta en su presencia siempre. Dios es un testigo fiel de cada evento en el universo. Nada se puede ocultar en su presencia. Dios es el Juez Justo de cada caso. Su juicio es interesante. Usted podrá correr pero no esconderse.

- Soberano (Posee el derecho, la autoridad y el poder para reinar y controlar todas las cosas de acuerdo a su plan y voluntad). (Is. 46: 8-10).

El derecho último y la autoridad para controlar cualquier cosa recaen sobre Dios. La soberanearía de Dios se debe a que él es el Creador y Sustento del universo. Dios es entonces el Rey de Reyes y Maestro de todos los Señores. Él es la última autoridad. Toda forma de reino o autoridad que no proviene de él será eliminada (He. 12: 25-28). Cualquier otra forma de autoridad debe ser sujeta a su soberanearía. Dios no le responde a nadie más que a él mismo. Su voluntad es final.

- Fiel (Siempre sostiene su palabra y sus acciones y actitudes son consistentes con su carácter). (2 Ti. 2: 13).

Dios está totalmente comprometido con todo lo que el respalda. Dios cumple su parte del trato con toda persona; lo que se requiera para mantener la relación. El cumple con sus obligaciones. Dios es siempre responsable (se le puede confiar que hará siempre lo correcto y lo más indicado). Dios es verdadero. Dios es de confianza. Dios siempre apoya a la causa correcta.

Hay otros atributos de Dios que se **relacionan** con su naturaleza. Muestran como se asemejan a su creación. Dios es:

- Amor (Compromiso de voluntad para buscar siempre lo bueno para otros) (1 Jn. 4: 8-11).

El elemento central de su naturaleza es el amor. Dios es profundamente considerado. El está comprometido a que todos tengan bienestar sin importar el costo; como la vida de su Hijo Jesús. Dios verdaderamente nos apoya. Dios en su amor odia el pecado porque el pecado destruye gente.

- Luz (Revela su naturaleza verdadera, la salvación y su santidad completa). (1 Ti. 6: 16, 1 Jn. 1: 15).

Dios es el que revela la verdad o la realidad de las cosas en esta vida. Dios, como luz, revela entendimiento a las cuestiones esenciales de la vida en la tierra y el más allá. Dios, como luz, causa que los humanos vengan y descubran los espacios y complicaciones de su ambiente vivo e inerte los cuales él ha creado. Dios, como luz, revela su naturaleza y ser a todos los que se le acercan. Dios, como luz, expulsa toda forma de oscuridad donde quiera que él opera.

- Verdad (Todo lo que Dios es, dice y hace coincide perfectamente con la máxima realidad). (Jn. 14: 6, Is. 45: 19).

Dios como verdad es la personificación de todo conocimiento, no sólo lo aparente, sino la realidad del conocimiento verdadero (lo que de verdad se debe de saber). Dios como verdad comunica y actúa sobre la realidad solamente; todo acerca de Dios es eternamente duradero. Así es como todo lo que él dice es la realidad y lo que pasa; crea lo que dice la biblia. Cualquier experiencia del hombre que pueda considerarse verdad, pero es contraria a lo que la biblia dice puede ser conocimiento aparente o una inevitable mentira. Lo que llamamos verdad es duradera, honesta, constructiva (en el sentido positivo), tal como es Dios.

- Bueno (Siempre actúa por la razón justa buscando resultados que beneficien, otorguen, sean prácticos y apropiados desde su punto de vista). (Sal. 34: 8).

Todo lo que Dios hace es con un motivo puro. Podemos confiar en Dios porque sus acciones hacia nosotros son para nuestro beneficio. Todas las creaturas del universo se pueden beneficiar de la benevolencia de Dios si se reconcilian en él. Por su gracia, él puede librarnos de todo lo que pedimos en oración y que no pudiera ser de beneficio en ese momento.

- Sabio (Él entiende todas las cosas y sabe como de una manera experta, perfecta, y apropiada aplicar ese conocimiento en la vida para conseguir el resultado deseado). (Dn. 2: 20-21).

Dios es la persona indicada para manejar cualquier tipo de situación. Dios conoce la mejor manera o la alternativa para lidiar con cualquier situación de la vida. Debemos confiar en Dios para encontrar la dirección de la vida que rinda los resultados óptimos. No es de sabios ignorar a Dios en cualquier situación de la vida. Ninguna situación es difícil para él. Para todas las respuestas a preguntas relacionadas con la vida, ACUDA A ÉL. Entre más nos acerquemos a Dios, más nos volvemos sabios.

- Justo (Él lidia equitativamente con todas las personas al hacerlas responsables ante él y al mismo nivel, recompensando al justo y castigando al malvado). (Jer. 9: 24).

La justicia de Dios demanda que todo pecado debe de ser castigado. Su justicia demanda que toda virtud sea recompensada. La medida de Dios para el pecado o la santidad no puede cambiar (2 Ti. 2:19). La maldad no puede quedar sin castigo. La respuesta de Dios hacia cualquiera es la más justa. Dios dispensa justicia sin importar la persona involucrada (sin parcialidad).

- Misericordioso (Compasionadamente suspende lo que merecemos, el castigo por el pecado). (Sal. 25: 6-7).

Dios muestra piedad a aquellos que merecen castigo por las cosas negativas que hacen. Sin embargo, al ver el comportamiento pecador y negativo que mostramos, no estamos siendo motivados por su compasión. La compasión de Dios debe ser agradecida y vista como una segunda oportunidad para hacer lo correcto bajo su mirada. Como seres humanos imperfectos que merecen ser castigados, la compasión que Dios nos da gracia y bendiciones.

- Gracia (Libremente nos da lo que honradamente no merecemos, comprometido a elevarnos a donde él nos necesita). (Sal. 111: 4).

Por su naturaleza llena de gracia, nos da lo que en realidad necesitamos para que nuestras vidas le traigan gloria. Lo que nunca hemos podido conseguir, su gracia nos lo provee sin costo alguno. Por su gracia obtenemos lo que honradamente no merecemos. Por su gracia fluye hacia nosotros el poder para permitirnos llegar a donde él nos necesita. Cualquier logro del hombre que trae gloria a Dios es por su gracia. Podemos enfrentar cualquier situación y salir victoriosos por la gracia de Dios.

- Ira/Fuego (Su justificada ira y descontento contra pecadores y personas corrompidas; su repulsión profunda e intensa y hostilidad hacia cualquier cosa maligna). (Ro. 1: 18, He. 12: 29)

Dios no puede ver el pecado y sentirse feliz o indiferente. Dios despliega una hostilidad intensa hacia todo lo que es pecado y maligno. Dios despliega desapruebo hacia todas las personas corrompidas. Dios se asegura de que el que hace reciba las consecuencias de su acto maligno.

- Clemente (Redención del pecado porque Jesús pago por nuestros pecados). (Dn. 9: 9, Ef. 1: 7).

Dios no tiene resentimiento hacia nosotros porque alguien (Jesús) se ha postrado para recibir el castigo por nosotros. Ap. 19: 5b. El compañerismo entre Dios y nosotros se ha restaurado porque la hostilidad hacia nosotros por el pecado cometido se ha removido. Todas las cosas buenas destinadas para el hombre pudieron ser recibidas por la unión establecida a través del perdón. Este perdón establece paz con Dios y con uno mismo.

- Paciente (Se restringe a castigar el pecado por su esperanza en el arrepentimiento y la salvación del hombre). (1 P. 3: 20).

Dios no quiere que pasemos por la dolorosa experiencia de ser disciplinados sino que prefiere que cambiemos por iniciativa propia. Él nos da el beneficio de la duda. Nos da la oportunidad de cambiar, pero si el cambio no ocurre, entonces nos disciplina (He. 12—6-9). Dios desea vehementemente que nos arrepintamos, vivamos en santidad y disfrutemos de sus bendiciones.

- Correcto (Siempre está correcto y siempre actúa de acuerdo a su santidad). (Sal. 11: 17)

Dios establece las reglas del juego. El determina lo que está bien y lo que está mal. Dios siempre hará cosas que satisfagan las normas puestas por él. Todo lo que hace Dios es correcto. Dios no puede equivocarse de ninguna manera y en ninguna situación. Debido a nuestro limitado entendimiento no podemos apreciar algunos de sus principios y métodos, pero descubrimos su valides cuando crecemos.

Estas características de Dios lo hacen **único.** No tiene igual. ¡Dios es bueno y grandioso!

El Regalo de Dios También es Único

Desde el punto de vista del cuál es el valor del regalo, debemos primero analizar el estado de la persona que hace el regalo, Dios. Como seres racionales que somos no podemos dejar de apreciar, admirar y aceptar la verdad de que Dios, en realidad, es Dios. Las características de Dios discutidas anteriormente comprueban que Dios posee el derecho, el poder y la capacidad para hacer todo lo que él quiera hacer. 'Porque en el vivimos, y nos movemos, y somos' (Hch. 17:28).

Sus cualidades son simplemente lo que debe hacer que cada persona acepte a Dios. Él es todo amor, misericordioso, lleno de gracia, clemente, paciente, etc. Por eso, si esta persona tiene un regalo que dar, este debe ser único. Haga una pausa y piense en esto muy bien. Basado en quien él es. ¿Usted cuáles piensa que son sus sinceros deseos y pensamientos hacia usted? Usted y yo no podemos perdernos esto por ninguna razón. No debemos permitir que nadie nos engañe. Por su naturaleza, él ha destinado un regalo para la humanidad por la eternidad. El cual está designado a impactar su vida de la manera que él lo ha diseñado. Esto de hecho pesa más y es más glorioso que lo que nosotros los terrestres pensemos que pudiéramos tener.

Las Condiciones y el Potencial de este Regalo

Todo lo que el regalo haga en la vida de uno cuando este es recibido es para lo que Dios lo designó. Sin embargo, lo que pudiera hacer en la vida de usted cuando lo reciba depende de lo que usted descubra al respecto y hasta el nivel que usted coopere con él. Las otras cuestiones dependen si usted quiera aceptar y recibir este regalo de Dios.

Como Jesús le dijo a la mujer samaritana en el pozo en Jn. 4:10, 'Respondió *Jesús y le dijo:* ***Si conocieras el don de Dios,*** *y quién es el que te dice: Dame de beber;*. . . 'Si de verdad conocemos a este Jesús, el regalo de Dios, como él se describió ante la mujer, todos nuestros problemas estarían bajo control.

Jesucristo es más que capaz de hacer lo que las escrituras dicen que él nos ha dado para nosotros hacer. La gente lo rechaza al pensar que ya están bien en la vida con un trabajo bien remunerado, algunos carros, una casa, algún tipo de propiedad, un matrimonio a medias con muchos problemas, contribuyendo para hacer renovaciones en su iglesia, etc. Sin embargo, una evaluación cercana de nuestra vida revela una falta de los principios de Jehová. Por cuanto todos pecaron, y están destituidos de la gloria de Dios (Ro. 3:23).

Todas las cosas de las que nos podemos jactar en la vida no están propiamente establecidas y sostenidas; algunas veces hasta tenemos miedo de que otra gente nos la pueda robar. Con todo lo que ahora llamamos avances modernos y tecnológicos de la humanidad, la sociedad está aun plagada miserablemente de serios problemas en todas las esferas de la vida. Esta es una indicación clara de la necesidad de tener dirección y liderazgo del Creador quien es todo poderoso, sabio, conocedor, etc. Esta necesidad tan grande de un guía y dirección es lo que Dios nuestro señor ha mandado en el regalo llamado Jesucristo. Note que el último nivel al cual uno puede llegar, donde este regalo se puede hacer al lado, es estar a la par con Dios. (Ef. 4:13). **Mis estimados necesitamos a Dios todos los días.** Dondequiera que usted crea que se encuentre, si usted no está al nivel de Cristo, usted necesita este regalo seriamente. Ya sea en el ministerio cristiano, en lo académico, los negocios, la política, entre otros, por favor, sea usted humilde y considere a Dios.

Si vemos de lo que está hecho Dios, la manifestación de su poder invisible en la creación, uno no puede dudar de la habilidad de Dios para lograr lo que prometió que haría. Segundo, Dios no miente. La biblia dice que él no es un hombre que mentiría, ni el hijo del hombre que se arrepentiría. Tercero, Dios es verdadero. Así que crea lo que él dice que su regalo está diseñado a lograr en la vida de las personas.

Una vez más en Isaías 9: 6-7, el texto glorioso proclama, ("*Porque un niño nos es nacido, hijo nos es dado, y el principado sobre su hombro;*

y se llamará su nombre Admirable, Consejero, Dios fuerte, Padre eterno, Príncipe de paz. Lo dilatado de su imperio y la paz no tendrá límite, sobre el trono de David y sobre su reino, disponiéndolo y confirmándolo en juicio y en justicia desde ahora y para siempre. El celo de ***Jehová*** *de los ejércitos hará esto").* El regalo posee la última capacidad de liderazgo y autoridad, trabaja maravillas, aconseja, y dirige, demuestra el poder de Dios, ejercicio de responsabilidades paternas y el establecimiento de paz. El texto también revela que cuando a Dios se le da la oportunidad la distancia a la cual él puede llegar es infinita. También todo lo que él hace es completamente respaldado por la fuerza y la habilidad de Dios Jehová.

Cuando Jesús encontró a la mujer samaritana en el pozo de Jacobo al igual que él lo ha encontrado hoy a usted, '***Si conocieras el don de Dios,*** *y quién es el que te dice: "Dame tu corazón," usted le habría pedido y él le hubiera dado agua viva.'* La mujer no sabía quién era Jesucristo y lo que él podía hacer por ella. Al igual que algunos de nosotros. No conocía el regalo de Dios para la humanidad; el cual estaba en la misma persona, Jesucristo, con el que ella estaba hablando. No sabía que el Satisfactor de vida y Extintor de Sed era el regalo de Dios con el cual ella estaba conversando. No sabía de la verdad de que Jesús ha venido a traer vida en lugar de muerte en cada área de nuestra vida. **Él todavía está dando el agua de vida libremente, mi querido lector.** Si usted examina su vida detenidamente ¿es esto todo en lo que usted se puede convertir? **Aún necesitamos a Jesucristo.**

¡Es hora de rezar! Vamos a llegar a Dios a través de la oración; entréguele su corazón porque a él usted le importa. Cuéntele lo que usted ha aprendido sobre el regalo hasta ahora y lo que usted desea recibir de este regalo.

Capítulo Tres
El Gobernante

'Toda autoridad propia para que una vida o sociedad pueda producir paz y seguridad recae en los hombros de Jesucristo (El máximo gobernante) quien es ambos, la sabiduría y el poder de Dios.'

Osmond

¿Qué Constituye un Gobierno?

En el texto, Isaías 9: 6-7, "*Porque un niño nos es nacido, hijo nos es dado, y el principado sobre su hombro; y se llamará su nombre Admirable, Consejero, Dios fuerte, Padre eterno, Príncipe de paz. Lo dilatado de su imperio y la paz no tendrá límite, sobre el trono de David y sobre su reino, disponiéndolo y confirmándolo en juicio y en justicia desde ahora y para siempre. El celo de* ***Jehová*** *de los ejércitos hará esto*"

Lo fundamental o el propósito clave de la venida de el Señor Jesucristo es proveer *autoridad.* Las cualidades que le dieron la capacidad para conseguir esto están enlistadas en el texto.

El concepto de gobierno de acuerdo al diccionario Webster's New Students tiene ciertos elementos vitales que valen la pena ver.

Constituye el ejercicio de autoridad y reglas. La mención del **trono y reino** en el texto se refiere a esta autoridad y reglas. El gobierno va con el ejercicio de un mandato.

Constituye la formulación de política y la implementación.

(**El Juicio y la Justicia** en el texto se refiere al análisis cuidadoso de cuestiones y la toma de decisiones prudentes y correctas para terminar con situaciones. Y segundo, para asegurar que las decisiones a las que se llegaron son implementadas apropiadamente. Estas son ejecuciones de liderazgo que no son nada más que formulación e implementación de política/ley/reglas.

Constituye la utilización de recursos para el bien de las personas. (Como una secuencia a la anterior, **ordenar** en el texto se refiere a la organización de cosas hacia una meta concreta. Esto implica asegurarse que los recursos humanos y otros sean estrictamente organizados para apoyar a las personas, quienes mandaron esta autoridad sobre ellos mismos).

Está también el elemento del tiempo. (El elemento del tiempo es indicado en el texto *desde ahora y para siempre.* El marco de tiempo es esencial para: encontrar cuando comenzó el ejercicio de dicha autoridad; para medir la efectividad y la eficiencia con la que un reino en particular ha sido capaz de operar, y también para medir el nivel al cual un gobierno en particular ha sido capaz de lograr sus metas durante este periodo).

Constituye tomar decisiones, dirigir, organizar, y manejar. (Esto se muestra en el texto en la frase *para ordenarlo y establecerlo.* Para organizar un proyecto en un orden particular y para establecerlo se necesitan todas las habilidades y elementos de manejo. Aquí todos los recursos disponibles y capacidades son movilizados, implementados y traídos para asegurar que las metas deseadas son conseguidas).

Estos elementos van más allá del nivel individual, familiar, de instituciones, comunidades, naciones y el mundo en general. No es fácil intentar definir autoridad. Puede ser dicho que es el derecho a ejercitar control, autoridad o dominio sobre el uso de recursos disponibles hacia una meta deseada (póliza) para el beneficio de la gente por un periodo de tiempo. En términos simples es **asegurarse** que los recursos que tenemos son manejados para nuestro beneficio.

Como individuo, usted posee el derecho a controlar su propia vida y manejar lo que usted tiene, aun que usted tendrá que rendir cuentas el día del juicio final. De la misma manera, los miembros de una familia tienen el derecho de controlarla y manejarla. Las instituciones operan de la misma manera. La experiencia y la historia deberían habernos enseñado que la autoridad no es la mejor en el mundo. Desde el nivel del mundo hasta el nivel individual, una autoridad deficiente es presenciada por todas partes. Esto es evidente en el caos y la falla de todas las fibras del progreso en nuestra sociedad. Piense en todas las guerras, hambruna, racismo, conflictos étnicos, conflictos religiosos, enfermedades, hambre, irremediable pobreza, violación, incesto, depravaciones sexuales, robos, corrupción, brujería, robos en la iglesia, suicido, asesinatos por ritos, aborto, demostraciones industriales y sociopolíticas, tendencia al divorcio, abuso infantil y domestico, adicciones de drogas, . . . La lista puede seguir y seguir.

La cuestión básica aquí es que **la humanidad sin Dios es un gran fiasco –como perseguir el viento.** Todas las ciencias físicas, biológicas, sociales, tecnología, y la ingeniería en nuestras universidades y escuelas vocacionales de las cuales alardeamos son deficientes. De igual manera lo son **todas** las inclinaciones religiosas y envolvimiento (cristianas y no-cristianas) que niegue el reino de Jesucristo.

La Naturaleza de Cristo

Jesucristo posee toda autoridad. En Mateo 28: 18, *Jesús dijo, 'Toda potestad me es dada en el cielo y en la tierra.'* También en Apocalipsis 1: 17b, el repite, "No temas; yo soy el primero y el último."

Así que la autoridad suprema no pertenece a nadie sino al Señor Jesucristo. El derecho a gobernar emana de él hacia los seres humanos. El ejercicio del poder, la autoridad y el dominio están bajo su sola custodia.

De las páginas anteriores hemos reconocido que Dios es sabio, deduciendo que él entiende todas las cosas y habilidosamente, perfectamente, y apropiadamente pone ese conocimiento en práctica en la vida para conseguir los resultados deseados. Es por eso que la base del conocimiento correcto, la habilidad, la metodología correcta, el tiempo correcto, la fuerza interna y la urgencia que cualquier persona necesitara para realizar cualquier trabajo o meta puesta en la vida viene de él.

La biblia describe a Jesucristo como la misma Sabiduría de Dios. En 1 Co. 1: 24, 30a, la palabra de Dios declara que "*mas para los llamados, así judíos como griegos, Cristo poder de Dios, y **sabiduría de Dios**. Mas por* *él estáis vosotros en Jesucristo, el cual nos ha sido hecho por Dios* ***sabiduría*** *. . .”*

La escritura claramente manifiesta que Jesucristo es la sabiduría y el poder de Dios. Todo lo que Dios quiere que se haga; el arquitecto, el experto, el ejecutor y el mismo que sostiene el proyecto es nuestro Señor Jesucristo. En San Juan 1:3, la biblia dice que "*Todas las cosas por él fueron hechas, y sin él nada de lo que ha sido hecho, fue hecho.*" No es una sorpresa porque la Santa Escritura dijo en Isaías que el gobierno debe descansar sobre sus hombros.

Al hablar de la formación e implementación de los cursos de acción, me pregunto si alguna persona pudiera ofrecer un curso de acción que pudiera aún que fuera remotamente ser similar al de Cristo que es la Sabiduría de Dios. El curso de acción podría ser personal, familiar, de nivel institucional o basado en la comunidad. Usted necesita la dirección de Cristo. Él posee y provee la fuerza para que podamos hacer todo lo que su voluntad desea. En Fil. 4:13, la palabra dice "*Todo lo puedo en Cristo que me fortalece.*" San Juan 15: 6b también dice que "Porque sin mí no podéis hacer nada." Este es nuestro Señor Jesucristo, el regalo de Dios para usted.

Le comunico a usted que puede lograr más de lo que ya ha logrado hasta ahora si le permite a Cristo dirigir su vida.

El Máximo Gobernante

Para ahora, usted ya tendrá una idea de lo que Jesús puede hacer en cuestión de autoridad. Él es el máximo gobernante. De Isaías 9: 7a, la biblia declara que "*Lo dilatado de su imperio y la paz no tendrán limite, sobre el trono de David y sobre su reino, disponiéndolo y confirmándolo en juicio y en justicia desde ahora y para siempre.*"

Encontramos que la escritura dice lo que él hará cuando se siente en el trono de David, cuando él venga a reinar en los últimos días. Vemos un progreso continuo de la autoridad correcta y de la paz. También descubrimos que él la ordenará y la establecerá. ¡Increíble! Esto es simplemente maravilloso. El Maestro operando: ordenando propiamente, dirigiendo, organizando, y estableciendo el dominio de David cuando Jesucristo está en control de todas las acciones. El máximo gobernante en acción.

Esta es la descripción de cuando él ocupe el trono de David. ¿Qué pasa entonces con usted y conmigo? ¿Somos personas que él no ha querido asistir o no se lo hemos permitido? ¿Le cargamos todas nuestras ansiedades? (1 P. 5:7) En Mateo 11:28, Jesús invita a "*Venid a mí todos los que estáis trabajados y cargados, y yo os haré descansar.*" No hay una invitación más clara que esta. Él solo necesita el trono y el control de su vida.

Cuando usted hace de él su Señor o Maestro de su vida, él tendrá entonces el derecho para comenzar a arreglar las cosas en su vida no sólo por hoy sino para la eternidad. Él se convierte en la máxima autoridad en cada decisión que usted tome. Sus planes deben estar escritos con lápiz y usted tiene que entregarle el borrador a él. Todas sus actitudes, pensamientos, acciones, planes, etc., deben ser motivados por su deseo de complacerlo a él. El que Jesús lo gobierne a usted significa que usted le debe su más profunda lealtad y alianza.

No se olvide que él tiene sus principios por los cuales se guía para poner las cosas en orden. Estos principios de Cristo son los mejores para todos los mortales. Son verdades, las cuales emanan de su infinito conocimiento y sabiduría como el creador. Por eso no hay una segunda opción para ellos. Están descritos en la Santas Escrituras. Usted necesita descubrirlos, internalizarlos, creerlos, y aplicarlos en su vida. Nunca piense que usted es más inteligente que la palabra de Dios y decida conscientemente alguna vez hacer lo contrario a las escrituras. Jesucristo es la palabra de Dios. Por eso él básicamente instruye las personas a través de la Santas Escrituras. Así que usted acepte estos principios de lo que es correcto, quiéralos, siéntase orgulloso de ellos, y trabaje con ellos. Recuerde que el juicio y la justicia son la base para su autoridad y gobierno. La biblia dice en Isaías 9: 7b, " . . . El celo de Jehová de los ejércitos hará esto."

Mis estimados es hora que comencemos a aceptar nuestra necesidad por el Salvador. Ningún número de discusiones de orgullo pueden cambiar la marea. **Usted y yo necesitamos a Dios. Necesitamos a Cristo.** Las escrituras correctamente dicen que *'el gobierno debe descansar sobre sus hombros.'* En otras palabras, este regalo de Dios es en el cual justamente el gobierno descansa. Sin él y lanzando al vacio sus principios y sus enseñanzas por el **conocimiento aparente** y **la modernidad,** estamos en serios problemas. El Creador ha invertido en **él toda capacidad de gobierno.** Usted puede tratar, pero sin él, está destinado a fallar. Por eso, entre más pronto le dé una oportunidad sería mejor. En Mateo 9: 12-13 a, Jesús dijo, *'Los sanos no tienen necesidad de médico, sino los enfermos. Id, pues, y aprended lo que significa . . .* ' ¡Piénselo!

Como individuo, a pesar de lo que haga, su meta máxima debe ser la de escapar al juicio del SEÑOR. A parte de todo lo que queramos obtener en esta vida, recuerde, “todos compareceremos ante el tribunal de Cristo” (Ro. 14:10). Así, **la última meta personal que usted se ponga en su vida debe conectarse con el tema de la eternidad.**

De aquí en adelante vamos a ver algunos títulos de Jesucristo que describen la naturaleza de su trabajo en todas las vidas en las cuales se le ha permitido ordenar, controlar y establecer.

Capítulo Cuatro
El Maravilloso

'El inmutable Cristo aun prueba su deidad y poder salvador al hacer maravillas y milagros en las vidas de la gente'

Osmond

Maravillas

El individuo está rodeado de muchos eventos en la vida. Algunos de estos eventos pueden ser impresionantes y sorprendentes. Otros pueden realmente sacudirlo por lo inusual y lo extraordinario. Pueden hacerlo que se haga muchas preguntas. A estos eventos se les considera maravillas. Algunas veces los llamamos milagros. Una maravilla son las cosas que van más allá de la capacidad humana en el momento que suceden. ¡Maravillas! Estamos hablando de milagros. Los milagros ocurren y les suceden a las personas que los quieren y satisfacen las condiciones necesarias.

Algunas personas van por la vida limitándose a creer sólo lo que una persona mortal puede hacer. Fuimos hechos con un cerebro para pensar, descifrar cosas, para planear y manejar nuestras vidas. Siempre recuerde que Dios no nos ha dejado en la oscuridad para vivir nuestras vidas sin su dirección y apoyo. No importa lo que esté pasando en nuestras vidas, Dios está siempre interesado. Nuestro amoroso Padre anhela que podamos descubrir sus principios, dirección y poder maravilloso que tiene disponible para el hombre (aquellos que lo deseen).

En Efesios 1: 19, se lee, "*y cuál la supereminente grandeza de su poder* ***para con nosotros los que creemos****, según la operación del poder de su fuerza.*" Estamos hablando de la disponibilidad del poder de Dios para cubrir las necesidades de los individuos en la tierra. La condición clave es: para los que creen. Estamos hablando de la intervención directa de Dios en la vida de las personas. ¿Se ha imaginado al extremo que Dios lo puede a usted ayudar a través de Cristo? ¿Usted cree que el Dios viviente quiere que usted experimente dolor o sufra sólo? Él hace milagros a través de Jesucristo.

Todos los procesos de vida emanaron de él y están sostenidos por él. Así es como él determina como las cosas deben trabajar. Piense en el proceso de crecimiento, decadencia, sanación, restauración y sustento en el mundo natural. Estos procesos son parte de los principios maravillosos por los cuales el universo funciona; están bajo el control del Creador para mantener su creación de la manera que él lo desea. No está más allá de su poder intervenir en las cuestiones de la vida de los individuos. Si la intervención le dará honor y gloria y traerá alivio y regocijo a su gente, él lo hará.

Dios es aún el Dios de los milagros. La gente trata de negar este hecho a su propio riesgo. Ignorantemente lo hacen de esta manera para sacar el reto de la cristiandad y de Cristo de sus vidas. La cuestión es ¿hasta dónde está usted dispuesto a ir como individuo para poner las cosas en el orden perfecto? ¿Hasta dónde usted iría a pesar de las tendencias negativas (espirituales, físicas, sociales, de salud, económicas, y culturales)? Deje que el Señor Jesucristo entre a la situación en la que usted se encuentra.

¿Por qué Jesucristo es Llamado Maravilloso?

Jesucristo es el mismo ayer, hoy y por los siglos. El ha hecho milagros en el pasado; él todavía está haciendo lo mismo y lo estará haciendo mañana. (He. 13:8). Los escépticos ridiculizan los milagros al decir que estamos en la nueva era científica y que son simplemente imposibles. Estas mismas personas no sólo los niegan sino que dicen que hoy en día no importan. Algunas de estas personas están jugando a la cristiandad pero niegan a la misma persona que produce estos milagros. Algunos de ellos, irónicamente, son parte del clero. Dicen que es sólo sus enseñanzas y ejemplos de moral y productividad lo que importa hoy. Claman que los milagros están bien para aquellos que creen en magia, pero los eluden de su verdadero valor religioso. Concluyen que los milagros son para aquellos que son pobres y de mente débil.

Jesucristo en muchas maneras fue como cualquier persona cuando estuvo en la tierra, pero practicó muchos milagros poderosos. Estos milagros indudablemente probaron su divinidad. La gente que lo conoció no podían dejar de preguntarse quién, de verdad, era él y cuál era la fuente de sus poderosos milagros. La gente de hoy tiende a creer que estos milagros no pasaron de verdad, pero la gente de sus días no tuvo esa duda porque los vieron pasar. Los escépticos dudan de las maravillas porque de él dudan, dudan de que sea el SEÑOR del universo quien tiene el poder sobre las cosas que él ha creado. La gente de sus días sabía que los milagros significaban algo más allá de lo ordinario.

Los enemigos de Jesús de ese tiempo no pudieron negar sus milagros. Los actos que él realizó demandaban una explicación sobrenatural. Para negarle creencia, los críticos concluyeron que él trabajaba a través del poder del demonio. (Mt. 12:24). **El hecho permanece aún de que sus *enemigos admitieron* que él hacia milagros.**

Los amigos de Cristo se preguntaban la clase de persona que él era para tener la capacidad de realizar tales milagros. Mateo 8 abre con un milagro de Cristo que demuestra su poder sobre los elementos naturales:

Y he aquí que se levantó en el mar una tempestad tan grande que las olas cubrían la barca; pero él dormía. Y vinieron sus discípulos y le despertaron, diciendo: ¡Señor, sálvanos, que perecemos! El les dijo: ¿Por qué teméis, hombres de poca fe? Entonces, levantándose, reprendió a los vientos y al mar; y se hizo grande bonanza. Y los hombres se maravillaron, diciendo: ¿Qué hombre es éste, que aun los vientos y el mar lo obedecen?

Esa es la pregunta que sus milagros hacían que la gente se hiciera: ¿Qué clase de persona era él? ¿Quién es el milagroso? ¿Quién es el maravilloso? Los amigos de Jesús concluyeron que él era de Dios, Dios de carne y hueso, pero sus enemigos concluyeron que él era el demonio. Una opción que ellos no tenían al igual que nosotros fue que Jesucristo era un hombre bueno que vivió una vida buena y dejó buenas lecciones. Esta persona tenía poderes sobrenaturales y clamaba ser igual a Dios. Por eso, lo rechazamos o lo recibimos completamente adorándole como el SEÑOR del universo.

Los milagros de Cristo y sus declaraciones divinas son las enseñanzas centrales de los cuatro evangelios (San Mateo, San Marcos, San Lucas y San Juan) los cuales no podemos ignorar el día de hoy. La evidencia histórica de unos fragmentos de un manuscrito del evangelio del Nuevo Testamento que fueron recientemente encontrados confirma que estos relatos de Cristo fueron escritos algunas décadas después de que ocurrieron. Así, estos autores sabían de los eventos cercanamente y lo que escribieron iba de acuerdo al relato de los testigos, quienes aún estaban vivos y podían corregir el relato.

Estos milagros de Jesucristo prueban y nos confrontan con la realidad de Dios mismo. Jesús nos muestra en sus milagros que él es el Señor de la creación. En los milagros de Cristo vemos una invasión a la naturaleza por el diseñador de la naturaleza, creador y dirigente merecedor.

En la biblia hay dos tipos de milagros que Jesucristo realizó y que aún realiza hoy. Estos milagros son: los milagros de la antigua creación y los milagros de la nueva creación.

Los Milagros de la Antigua Creación

En este tipo de milagros Jesús realiza las cosas que Dios realiza todo el tiempo. Él sólo las realiza instantáneamente, directamente, y a escala pequeña; lo que Dios realiza gradualmente, indirectamente, y a una escala mundial. Lo que a la naturaleza le toma mucho tiempo lograr, él, Jesús, posee el poder para lograrlas en un instante. Por ejemplo, cuando el convirtió agua en vino; no olvidemos que Dios ha estado convirtiendo agua en vino usando viñas y un proceso natural en vez de una transformación instantánea.

Jesús uso unas barras de pan para alimentar 5,000 personas. Dios toma unos granos y semillas (materiales de plantación) cada año, y con el clima y la tierra, los transforma gradualmente y naturalmente para alimentar a 6 billones de personas (Sal. 104: 14-15).

Cuando Jesús calmó la tormenta con esa orden, hizo lo que Dios ha estado haciendo en el proceso natural cada vez al asegurarse que cada tormenta que se levante en el mar sea aquietada. Jesús, como creador, tiene el poder de realizar el proceso en un instante, disminuyendo el factor del tiempo. Salmo 89: 8-9 dice, *"Oh Jehová, Dios de los ejércitos, ¿Quién como tú? Poderoso eres, Jehová. Y tu fidelidad te rodea. Tú tienes dominio sobre la braveza del mar; Cuando se levantan sus ondas, tú las sosiegas."* En realidad, cuando ellos preguntaron qué manera de persona él era, la respuesta es simple, SEÑOR Dios de los ejércitos; es el Señor Jesucristo. Él es Dios de carne y hueso.

Jesús siempre tuvo una profunda preocupación por las necesidades del cuerpo de las personas. En referencia a los milagros de sanar el cuerpo por Jesús; Él hace lo que ha venido haciendo a través de los siglos. El ha puesto en nuestros cuerpos la capacidad natural para sanar por sí mismos. Piense en el sistema inmune y de lo que es capaz de hacer por el individuo. A usted le pega un resfriado y usted no sabe cómo se compone. Usted se corta, sangra un poco y no sabe como la sangre se detiene; ¿Por qué no sigue sangrando? Jesús el que sana esta en acción, operando su naturaleza. Él posee el poder para sanar y escoge sanar instantáneamente algunas veces.

Los milagros no son violaciones de las leyes naturales. Son simples demonstraciones de su reinado sobre la naturaleza. Lo que llamamos **leyes naturales son solo parámetros por los cuales el *Creador le ha ordenado***

a su creación a operar. Es por eso que no lo atan de ninguna manera. Jesús como Dios de carne y hueso solo demostró su identidad como el Señor de la creación.

Los Milagros de la Nueva Creación

La nueva creación se trata de la restauración de cosas. Los milagros de Cristo lo mostraron como el Creador y Maestro de la creación. Estos milagros proveen un adelanto de la nueva creación, la cual la palabra de Dios dice vendrá en el futuro. Estos milagros de la nueva creación retroceden el proceso de enfermedad, decadencia y muerte que afligen el orden creado después de la caída de la humanidad (Ro. 8: 18-23). Todas las cosas serán hechas nuevas (Ap. 21: 4-5). Jesús resucitó al muerto.

Cristo despierta al muerto de espíritu, pecado y traspasos y gente moralmente en bancarrota a través de la regeneración a la nueva vida sagrada. (Ef. 2:15, Ro. 6:4). El poder de la resurrección de Cristo trabaja para hacernos **renacer.** Este es un poder dado para convertirnos en hijos e hijas de Dios, para una vida de esperanza y buenas obras, para el agrado de quien nos creó (Ef. 2:10). Este es un adelanto de la restauración que viene. "*Yo soy la resurrección y la vida; el que cree en mi, aunque esté muerto, vivirá.*" (Juan 11:25). **Este es Jesús el maravilloso.**

¿Qué Maravillas Puede Hacer Él en su Vida?

No sé por lo que usted esté pasando el día de hoy, pero sí hay una cosa que sé: Jesús tiene el poder de cambiar su situación. Él es

MARAVILLOSO. Él resuena en Jeremías 32: 27, *"He aquí que soy **Jehová**, Dios de toda carne; ¿habrá algo que sea difícil para mí?*

Él lo ha hecho por muchos y lo hará por usted también. Él lo quiere. No hay absolutamente nada más allá de su capacidad. Usted sólo tiene que hacer una cosa: entregarse humildemente a él, confiándole y él lo realizará. En Marcos 9:23, *"Jesús le dijo: Si puedes creer, al que cree **todo le es posible**."* Todo es posible significa que todo es posible, incluyendo lo suyo. Las situaciones que parecen más imposibles son las que él podría hacer para probar su poder. Él es el Señor.

Su situación tiene remedio pese a lo que usted está pensando. Podría tratarse de hijos insubordinados, querido padre/madre, lo que lo esté volviendo loco(a). Podría tratarse de un grupo que busca problemas y líderes arrogantes de la iglesia quienes no entienden su visión para la misma iglesia/pastor. Podría ser el demonio esforzándose por separar la iglesia, estimado ministro del evangelio. Podría ser un esposo irresponsable hipnotizado por su secretaria en mini-falda, querida esposa. Podría ser una esposa problemática y llena de quejas, querido lector, la que le esté causando ese dolor en su corazón. Podría tratarse de empleados ambiciosos y en bancarrota moral los que andén detrás de su posición, estimado gerente. Cualquiera que sea el caso, Jesús es de todas maneras el Señor sobre todas las cosas (Ro. 9:5).

Estimados, el Dios de maravillas, el Señor Jesucristo lo está invitando a un encuentro milagroso en su vida; si sólo . . . Él dice en Mateo 11:28, *"Venid a mí todos los que estáis trabajados y cargados, y yo os haré descansar."* ¿Deberíamos de hacer una pausa para orar? Comprometa su ser al Señor, todo aspecto de su vida, en este momento.

Capítulo Cinco
El Consejero

*'Tenemos racismo, guerras, hambruna, enfermedad, un alto índice de divorcios, niños de la calle, labor infantil, suicidio, violación, todo porque tenemos **consejería en bancarrota.**'*

Osmond

'Jesús entiende todo, sabe todo; por eso, la consejería perfecta con el conocimiento para lidiar hábilmente con cuestiones de la vida tiene que emanar lógicamente de él y nadie más.'

Osmond

¿Qué es Consejería?

En un intento por ver el significado de consejería del diccionario produjo algunas ideas interesantes como:

- Un consejo dado, especialmente como el resultado de una consulta

- El propósito de Dios
- Resoluciones secretas
- Un plan de acción o comportamiento
- Un abogado encargado del manejo de un caso en el juzgado

De todos estos intentos por definir consejería, una idea básica fue deducida que dice: La **consejería es el consejo dado o tomado para facilitar un plan de acción en el manejo de una cuestión.**

Así es como la consejería es una pieza de información. Esa información, si aceptada, tiene la capacidad de traerle incremento o de dañarlo. Todas las piezas de información, ideas y principios los cuales la gente usa en la manera que gobiernan sus actos podrían ser clasificados como consejería. Tenemos que tener en mente que estas ideas son aceptadas por el individuo como la base para sus actos.

Como ya se mencionó, la consejería puede ser de provecho o de lo contrario. El tipo de beneficio que una consejería puede ofrecer depende de la fuente. Para que ofrezca cosas buenas y con beneficios a largo plazo, la fuente debe ser buena y de confianza. La consejería no hace nada por sí misma sino por la resolución o la decisión tomada basada en ella. La vida está llena de decisiones; la calidad de las decisiones determina la calidad de nuestras vidas. La calidad de las decisiones también depende de la consejería que recibimos. Si la consejería es de confianza, nos establecemos en todo lo que estemos haciendo. La biblia dice en Proverbios 15:22, *"Los pensamientos son frustrados donde no hay consejo; Mas en la multitud de consejeros se afirman."* Así es que el éxito o el fracaso de cualquier plan que tengamos dependen del consejo que recibamos. A través de ellos nos establecemos. Como hay muchos consejos, obtenemos una variedad de soluciones en las cuales basamos nuestras decisiones.

Hay muchas razones por las cuales necesitamos un consejo. La biblia dice en Oseas 4: 6 a, *"M i pueblo fue destruido, porque le faltó conocimiento . . ."* Por la falta de conocimiento, muchas planes de las personas son abandonados o terminan en un desastre. Podría tratarse del matrimonio, de ser buen padre, de su vida social, de cómo manejar su trabajo, de manejo económico, etc. El mundo está en tumulto hoy por causa de consejería inadecuada: en términos de cantidad y calidad. Tenemos racismo, guerras, hambruna, enfermedades, alto nivel de divorcio, niños de la calle, labor infantil, suicidio, abuso sexual, todo porque tenemos consejería en bancarrota. Este es un hecho duro que la sociedad debería de aceptar y determinarle una solución.

¿Quién es un Consejero?

Un consejero puede decirse es alguien que puede dar un consejo adecuado sobre algo. Así es como esta persona debe poseer suficiente conocimiento y experiencia en ese campo para calificarlo/a a dar consejos de calidad en ese campo de la vida. Hay consejeros profesionales, pero ¿qué estamos viendo en nuestra sociedad el día de hoy? ¿Qué ha de verdad fallado? Yo sugiero que tal vez no están lo suficientemente capacitados o las personas no están simplemente haciendo el uso correcto de ellos, o tal vez son las dos razones.

El consejero debe poseer conocimiento profundo, experiencia, habilidad para comunicar y pericia en el manejo de cuestiones que pertenecen a toda área de la vida humana. Como se habrá dado cuenta esto no es tan fácil al universo tener las dimensiones físicas y espirituales de la vida. Hay dos mundos y la Santas Escrituras lo muestran claro y sencillo. En Colosenses 1: 16, la Biblia dice que,

"Porque en él fueron creadas todas la cosas, las que hay en los cielos y las que hay en la tierra, ***visibles e invisibles****; sean tronos, sean dominios, sean principiados, sean potestades; todo fue creado por medio de él y para él."*

Aquí vemos que aparte de seres humanos hay otros seres en el universo también. No solo están en el sistema sino que, nos guste o no, tienen una influencia considerable en los humanos. Hay solamente dos reinos espirituales en existencia. El reino de luz del cual Jesucristo es el rey y el reino de la oscuridad de la cual el demonio es el rey. La Biblia dice esto acerca de los Cristianos, *"El cual nos ha librado de la potestad de las tinieblas, y trasladado al reino de su amado Hijo, en quien tenemos redención por su sangre, el perdón de pecados"* (Col. 1: 13-14).

El mundo invisible de la oscuridad está directamente oponiéndose a la humanidad, con sus agentes humanos, para frustrar los planes de Jehová para la humanidad. Es por esto que la Biblia dice en Efesios 6: 12, *"Porque no* ***tenemos*** *lucha contra carne y sangre, sino contra principados, contra potestades, contra los gobernadores de las tinieblas de este siglo, contra huestes espirituales de maldad en las regiones celestes."* Estas fuerzas oscuras se oponen a cada ser humano en la tierra. Usted puede asumir que ni siquiera existen; hasta decidir ignorarlas, pero el hecho de la cuestión es que trabajan para prevenirle que logre o realice sus destinos **terrenales** y **eternos** designados por Dios.

Así que la vida, mi estimado(a) lector(a), no es sólo el trabajo, el dinero, los carros, el sexo, esplendor ceremonioso, o el hecho de sólo obtener metas, como algunos podrían pensar. Los principios de vida, la consejería que maneja a las personas a decidirse a obtener estas cosas por cualquier medio necesario (justo o injusto, hasta matar) según se vea necesario, no es una buena consejería. Estas tendencias encienden el abuso sexual, la pornografía 'cubierta' en el nombre de la moda, la ambición, la corrupción, el deseo, el asesinato y la guerra y más de las cuales somos testigos el día de hoy, pero este mundo es creado para ser disfrutado por Dios. Estos consejos son entonces del campo del demonio, la Biblia los llama **mundanos.** Así que usted se habrá dado cuenta que la fuente del consejo importa demasiado. Por eso, el convertirse en un consejero de lo más adecuado se trata de no sólo conocer un aspecto de la vida; sea medicina, leyes, enseñanza, sicología, entre otros. Hasta los médicos, si son sinceros con ellos mismos, pueden acordar conmigo que no sólo las pastillas/capsulas/inyecciones son las que causan que un cuerpo sane sino que también la sicología (influencia del alma) de la persona.

El Máximo Consejero

Hasta ahora podemos ver que usted y yo necesitamos un consejero que nos pueda dar un consejo adecuado y responsable para gobernar nuestras vidas. Necesitamos un consejero que posea los requisitos de base de conocimiento, habilidad, experiencia, sabiduría, tacto, de prever, amar, y conocimiento profundo de cada área de la vida humana; visible e invisible. Necesitamos una persona cuyos consejos puedan llevarnos lejos. El consejo de esa persona debe hacernos tomar decisiones sabias en la vida desde todas las perspectivas. Estamos hablando de decisiones seguras y responsables en lo físico, lo social, lo financiero, la salud, lo espiritual, y de manejo o de cualquier área de interés. El consejo no sólo tiene que satisfacer las provisiones y extravagancias de hoy sino que tiene que ser adecuado para el juicio que viene también. Si su consejo no tiene una perspectiva eterna, entonces olvídelo. Un consejo seguro debe tomar en cuenta el juicio a venir. **Así que si usted obtiene todas sus metas y termina en el lago de fuego; la Biblia enfáticamente lo declara que usted no es sabio (Mateo 16: 26).** Estamos hablando del Máximo Consejero.

La descripción provista anteriormente no puede quedarle a nadie sino al único Rey de reyes, Señor de señores, y el único Monarca del tiempo (1 Ti. 6:15), el Señor Jesucristo. Las sagradas escrituras declaran al Señor Jesucristo como el Consejero; y verdaderamente lo es. De hecho, él posee todas las cualidades necesarias para ello, y la infalible Palabra lo ha declarado de esta manera. El Regalo de Dios, el Señor Jesucristo es:

- La Verdad (Jn. 14:6)
- El Camino (Jn. 14:6)
- La Vida (Jn. 14:6)
- El Alfa y la Omega (Ap. 22: 12-13)
- El Creador y Sostenedor del universo (Col. 1: 16-17)
- Dios todo Sabio (Dn. 2: 20-21)
- Dios todo Conocedor (Is. 46:10)

Jesucristo es la viva personificación de la verdad; todo de lo que él está hecho, todo lo que él endorsa y apoya es la máxima realidad. Su consejo es lo que es llamado la realidad. Usted quizás no pueda entender su consejo o apreciarlo ahora; pero en el análisis final usted se dará cuenta de que él junto con su consejo es la VERDAD. Su nombre es la Palabra de Dios (Ap. 19: 11-16) Esto simplemente quiere decir que **si una persona va en contra de sus principios, entonces esta persona está bajo engaño y no tiene la verdad.**

Jesús, como el Camino, define para la humanidad, el divino código prescrito de vida. La Biblia claramente especifica esto en Jn. 1: 4, 9, *"En él estaba la vida, y la vida era la luz de los hombres. Aquella* ***luz verdadera, que alumbra a todo hombre, venía a este mundo."*** Él nos muestra el camino hacia el Padre. Este es Jesús el Regalo de Dios. El hecho aplicativo es que aquellos que rechacen el consejo de Cristo están simplemente PERDIDOS.

Jesucristo es Vida. En él estaba la vida (Juan 1:4). Como la viva personificación de la vida, el sustenta todas las cosas. Su consejo, por eso, trae vida, vitalidad y sustento a cada una de las áreas de la vida de los hombres. Es así que él le da vida eterna a todos aquellos que tomen su consejo. Aquellos que lo rechazan lo hacen a su propio riesgo; trayendo muerte, decadencia, corrupción, derrota y eterna condena a sus vidas.

El Alfa y la Omega, el principio y el fin, ese es Jesucristo (Ap. 22: 12-13, 16). Cristo determina todo lo que el tiempo entero y la eternidad significan. Si alguna vez algo tuviera que pasar, nunca lo tomaría por sorpresa. Eso simplemente significa que toda actividad de las personas, visible e invisible, tendrán que acordar a lo que Jesús determine. Así que las consecuencias de declinar su consejo son obvias. El universo entero es suyo. El pasado, el presente y el futuro están todos bajo su custodia. Lo primero y lo último; todo emana de él y culminara con él.

Él es el creador y sostenedor de todas las cosas (Col. 1: 16-17). Alguien creo su mundo para ponerlo a usted en el y usted piensa que usted ha experimentado su tierra y aprendido tanto como para ignóralo. Es ridículo. De hecho, todo lo que pudiéramos **alguna vez** descubrir en este universo es que Jesucristo es la máxima verdad y consejero que los humanos han estado investigando por eras para hacer descubrimientos en la ciencia, la religión, lo oculto, la nueva era, las neo-ciencias, la metafísica, el tradicionalismo, el Hinduismo, el Budismo, etc. Mis estimados, pausen y reflexionen sobre esta cuestión seriamente.

El Dios todo sabio del que hablamos es el mismo Señor Jesucristo (1 Ti. 6: 14-16; Ro. 16: 25-27). Esa es la razón por la cual hasta el Padre no hace nada sin el consejo de Jesucristo (Jn. 1:4), el arquitecto del universo. Jesucristo es la verdadera Sabiduría y la Palabra de Dios. La Biblia lo deja claro que Jesús es la verdadera Sabiduría de Dios (1 Co. 1: 24). Jesús entiende todo, sabe todo; la perfección habilidosa para aplicar conocimiento y manejar cuestiones sólo puede emanar lógicamente de él y de nadie más.

Sólo vea a esta persona llamada Jesucristo. Si estamos entonces hablando del máximo consejero, no puede ser nadie más que el Señor Jesucristo. Este Regalo de Dios es sólo para usted. Usted y yo necesitamos verdaderamente sus consejos en cada momento de nuestras vidas.

Capítulo Seis
El Dios Poderoso

'Jesucristo, el señor todo poderoso en batalla siempre se muestra fuerte para su beneficio'

¿Quién es una Persona Poderosa?

Hablamos de **poderoso** cuando nos referimos a:

- Tener el poder para hacer algo
- Grande o imponente en tamaño, fuerza o alcance
- Muy o extremadamente (usado como un adjetivo)
- Tener vigor
- Prevalecer en una batalla o guerra

Acarrea un sentido de logro, de **hazaña**. Si estamos diciendo que alguien es poderoso, entonces en resumen, ***la persona posee***

la habilidad o capacidad para prevalecer sobre circunstancias o desafíos. El 'Poder' puede ser visto de diferentes perspectivas, pero todo bajo el mismo concepto. Podemos hablar de riqueza, conocimiento, fuerza, autoridad, habilidad, sabiduría y tamaño. En otras palabras una persona poderosa posee una ventaja de posición y enfrentamiento sobre el oponente o adversario o cualquier cosa impidiendo el paso de esta persona. El adversario pudiera ser cualquier cosa; desde demonios hasta enfermedades, desde falsedad hasta el clima, desde pobreza hasta derrota, desde pecado hasta cualquier desafío que uno pudiera enfrentar.

La situación en cuestión determinara la clase de ventaja de posición de la que hablemos. Por ejemplo, en una organización, el director será visto como una persona más poderosa que un cajero(a). Esto es así porque el director pudiera decidir las condiciones de trabajo de la organización las cuales pueden de una manera positiva o negativa afectar al cajero(a), hasta posiblemente despedirlo(a). Aquí decimos que el director es más poderoso que el cajero(a). Así la ventaja de posición es **autoridad.** Pudiéramos también ver al demonio y a Dios. Dios tiene la ventaja de posición sobre el demonio en términos de autoridad porque Dios como el Creador, sin ser creado y sostenedor de toda forma de vida, incluyendo la del demonio, tiene entonces la autoridad.

Cuando dos oponentes con similares rangos compiten en una pelea, el que tiene la habilidad y la fuerza (resistencia y salud) más grande gana la pelea. En esta situación, la ventaja es la habilidad y la resistencia. Podemos tener dos artesanos o manufactureros compitiendo por clientes para sus productos; el que muestre más habilidad en el producto y en el servicio definitivamente obtendrá más clientes. La habilidad es el progreso de la productividad. La Biblia declara en Ec. 10:10, *"Si se embotare el hierro, y su filo no fuere amolado, hay que añadir entonces más fuerza; pero la sabiduría es provechosa para dirigir."* Por eso la habilidad y la resistencia pudieran ser vistas como una forma de poder.

Si examináramos un grupo estudiantes que toman un examen, el que sobresale en ese examen en particular es considerado el más fuerte o el más poderoso. Aquí la ventaja de posición es la base de **conocimientos.** Así es entonces el conocimiento considerado poder. Dos personas pueden encontrar el mismo problema; una podría suicidarse por no saber qué hacer, por sentirse sin esperanza ni ayuda. La otra persona podría resolver el problema y seguir con su vida; así prevaleciendo sobre el problema. Es así como el conocimiento es poder. Por conocimiento, el que conocemos, hemos dominado la tierra. Por lo que sabemos hemos podido conseguir la fuente de ingresos necesaria para mantener nuestras familias (nuclear y externa) y nosotros mismos. El conocimiento entonces nos da una ventaja de posición. **Si alguien está haciendo algo mejor que usted, entonces esta persona simplemente sabe algo que usted no.** Entonces en esa situación en particular diremos que esa persona es más poderosa que usted.

La sabiduría también es considerada poder. La habilidad para resolver problemas, la cual llamamos sabiduría, es un ingrediente vital en una vida de éxito, paz y vibrante que toda persona bien intencionada merece tener. Es dual. La primera es la habilidad para manejar situaciones las cuales pueden surgir por accidente. La segunda es la habilidad para percibir posibles problemas o situaciones, tener un sentido de visión o anticipar y planear de antemano para prevenirlos. Poseer esta cualidad es desde luego una ventaja de posición comparada sobre los oponentes o adversarios quienes pudieran ser tontos o peor aún estúpidos. La sabiduría es entonces algo principal, y desde luego, una forma de poder. En otras palabras, las personas que son sabias son capaces de sobrepasar circunstancias adversas mejor que sus semejantes con menos sabiduría.

La riqueza es otra forma de poder. La riqueza es definida básicamente como una abundancia de posesiones o recursos. Un individuo que posee recursos que satisfacen cualquier necesidad o desafío en la vida es considerado poderoso. El recurso puede ser tangible, abstracto o virtual. El recurso puede ser poder espiritual, salud, dinero, posición de autoridad, minerales, conocimiento, comida, agua, IT, maquinaria, sabiduría, inteligencia creativa, etc. Si una persona puede comandar para que las cosas estén disponibles para satisfacer una necesidad, entonces esa persona es considerada poderosa. Es así como poseer la capacidad para lograr hacer cosas cuando es necesario o cuando el tiempo es correcto constituye tener poder. La habilidad de hacer cosas porque uno tiene los recursos en abundancia y también la autoridad para comandarlo es una marca de poder. **Es así como la gente rica es gente poderosa.**

El poder tiene la habilidad de ganar o prevalecer en una batalla contra nuestros adversarios. La vida es una guerra. Las guerras son compuestas de muchas batallas. Las batallas son las adversidades que encontramos en algún punto de nuestras vidas. La persona poderosa es la que puede prevalecer en toda circunstancia. Podríamos estar hablando de dimensiones espirituales o físicas de la vida, pero el poderoso siempre prevalecerá. El desafío podría ser un hábito pecaminoso, pobreza, enfermedad, un esposo(a) errante, un divorcio, hijos rebeldes, rendimiento bajo en el trabajo, brujería, encanto, opresión, amenazas, desintegración de la iglesia, bancarrota, etc. Cualquiera que sea el caso, el poderoso prevalecerá.

Hay algo que se debe resaltar del poder. La Biblia hace eco de Romanos 15:1 que, *"Así que, los que somos fuertes* ***debemos*** *soportar las flaquezas de los débiles, y no agradarnos a nosotros mismos."* La Palabra de Dios expresa un principio el cual rige a las personas fuertes y poderosas que son bien intencionadas. Es una obligación moral, una deducción racional, una expectativa natural y una secuencia lógica de las personas que están en la posición de poder apoyar al débil. Una extensión de apoyo a otras personas que se encuentran en problemas demuestra que tan fuertes en realidad somos. Somos egoístas, egocéntricos y con una percepción cerrada de la vida si no podemos ayudar a otros. **Podemos entonces concluir que entre más poderoso, más personas se benefician de usted.** Es por esto que las personas poderosas están para salvar la situación del débil. Tal personas **deben ser capaces de proteger y defender al débil.** Tales esfuerzos de los fuertes están dirigidos a fortalecer al débil en su esfera de debilidad. Recuerde que estamos hablando de toda esfera de vida humana: física, espiritual, emocional, social, de manejo, etc. **Es por eso que un salvador debe ser una persona poderosa.**

Es así que vemos lo que es una persona poderosa. Si una persona quiere reclamar fuerza o poder, esta persona debe comenzar a ver todas las áreas del concepto de poder. La persona tiene que hacer un auto evaluación para ver si él o ella es una persona poderosa. Si usted no califica entonces tiene que ser humilde y rendirse a una persona más poderosa para que lo eleve. Querido lector, yo le estaré presentando a esa **Persona Poderosa** muy pronto. De hecho, él es el regalo del cual hemos estado hablando todo este tiempo. El Señor Jesucristo es esa Persona Poderosa.

¿Es Jesucristo el Dios Poderoso?

La respuesta a esa pregunta, yo pienso es simplemente verificar si Jesucristo posee las cualidades de Dios y una persona poderosa. La Biblia nos da una ilustración vivida de quien Cristo es en este sentido.

En Col. 1:16, la Biblia dice que,

"Porque en él fueron creadas todas las cosas, las que hay en los cielos y las que hay en la tierra, visibles e invisibles; sean tronos, sean dominios, sean principados, sean potestades; ***todo fue creado por medio de él y para él****."*

Este texto simplemente dice que Jesucristo es primeramente el Creador y segundo, todas las cosas pertenecen a él. ¡Punto final! Salmo 24:1 dice, *"De JEHOVA es la tierra y su plenitud; El mundo y los que en él habitan"*. También en Salmo 50:12. Aquí la Biblia esta simplemente haciendo eco de que el Señor Jesucristo es Dios y de que es **rico.** Él posee todo, así que podemos concluir que él es el Todo Poderoso.

La Palabra del Señor dice en Mateo 28:18, "Y Jesús se acercó y les habló diciendo: ***Toda potestad me es dada*** *en el cielo y en la tierra."* También leemos en Filipenses 2:10-11, *"Para que* ***en el nombre de Jesús se doble toda rodilla*** *de los que están en el cielos, y en la tierra, y debajo del a tierra; y* ***toda lengua confiese que Jesucristo es el Señor****, para gloria de Dios Padre."*

En las dos escrituras, la Biblia lo hace inequívocamente claro que Jesucristo es el sólo guardia de todo a lo que nos referimos como autoridad, el **Maestro Absoluto.** Jesucristo es el Rey de reyes y el Señor de señores. Él es por todo esto el Todo Poderoso. Es así que se le debe de obedecer.

Por el hecho de que él es el creador y sostenedor del universo, todas las cosas se tienen que someter a él. El Todopoderoso (Ap. 1:8). ¿Puede la creatura rebelarse en contra del Creador e ir sin pena? ¡NO! Como dice en Isaías 45:9, *"¡Ay del que pleita con su Hacedor! ¡El tiesto con los tiestos de la tierra!* ***¿Dirá el barro al que lo labra: ¿Qué haces?****, o tu* *obra: ¿No tiene manos?"* Esto no debe ser; tal barro definitivamente no prosperara.

Dios posee toda sabiduría. Jesús es la sabiduría de Dios. Así, él es la misma personificación de la facultad de la trinidad de Dios llamada sabiduría. Por esto, la misma capacidad de Dios que tiene que ver con el entendimiento de todo, hábilmente y apropiadamente todo conocimiento para cumplir los propósitos divinos determinados por la trinidad de Dios fueron puestos en el Señor Jesucristo. Si la sabiduría es entonces una forma de poder, debemos entonces concluir Jesucristo es el Todopoderoso. Jesucristo es el Dios omnisciente.

En términos de guerra, Dios es el Todopoderoso. La Biblia dice en Salmo 24:7-10, *"Alzad, oh puertas, vuestras cabezas, y alzaos vosotras, puertas eternas, y entrará el Rey de gloria. ¿Quién es este Rey de gloria? JEHOVA el fuerte y valiente, JEHOVA el poderoso en batalla. Alzad, oh puertas, vuestras cabezas, Y alzaos vosotras, puertas eternas, Y entrará el Rey de gloria. ¿Quién es este Rey de gloria? JEHOVA de los ejércitos, El es el Rey de la gloria."*

Leemos en Josué 5:13, 14, que cuando Josué se encontraba investigando las afueras de Jericó, este Capitán de los ejércitos, quien encontró a Josué y aceptó su adoración, no es otra persona más que Jehová, el pre-encarnado Jesucristo (Cristofania). El nombre Jehová de los ejércitos o Jehová Señor de los ejércitos se refiere a Dios como el guerrero o el Hombre de Guerra, quien guía a su gente en batalla hacia la victoria. Hay una fotografía hermosa de él en Apocalipsis 19: 11-16.

"Entonces vi el cielo abierto; y he aquí un caballo blanco y el que lo montaba ***se llamaba Fiel y Verdadero, y con justicia*** *juzga y pelea. Sus*

ojos eran como llamas de fuego, y había en su cabeza muchas diademas; y tenía un nombre escrito que nadie conocía sino él mismo. ***Estaba vestido de una ropa teñida en sangre;*** *y su nombre es:* ***El Verbo de Dios. Y los ejércitos celestiales,*** *vestidos de lino finísimo, blanco y limpio,* ***le seguían*** *en caballos blancos. De su boca sale una espada aguda, para herir con ella a las naciones, y él las regirá con vara de hierro; y él pisa el lagar del vino del furor y de la ira del Dios Todopoderoso.* ***Y en su vestidura y en su muslo tiene escrito este nombre: REY DE REYES Y SEÑOR DE SEÑORES.*** *"*

Lo que leemos aquí es una confirmación de que el Señor Jesucristo es el SEÑOR TODOPODEROSO EN BATALLA. No puede perder en ninguna batalla; por eso aquellos que tienen ciudadanía del cielo (Fil. 3:20) y el ejército celestial tampoco conocen la derrota. En el nombre de Jesús, en cualquier dimensión de existencia, se debe doblar toda rodilla. **Nada puede detenerlo en lo absoluto.** Jesucristo es el Dios Todopoderoso del cual hablamos siempre (Ro. 9:5).

En realidad, el Señor Jesús es el comandante militar con los recursos más poderosos y que posee el ejército mejor equipado y habilidoso en el universo entero.

En Apocalipsis 17: 14 leemos, *"Peleara contra el Cordero, y* ***el Cordero los vencerá, porque él es Señor de señores y Rey de reyes;*** *y los que están con él son llamados y elegidos fieles."* El arsenal y las armas a su disposición como el Creador del universo son increíbles y sin paralelo, en cualquier termino implicado. Leemos de 2 Co. 10: 4 que *"Porque* ***las armas*** *de nuestra milicia no son carnales,* ***sino poderosas en Dios para la destrucción de fortalezas.*** *"* De hecho, la milicia en la que él está envuelto ahora y en la cual pudiera estar envuelto alguna vez esta ya concluida. En Ap. 12: 11, la Biblia enfáticamente lo deja claro que aquellos que tan sólo lo siguieron vencieron al enemigo, al demonio, por la sangre de Jesucristo. **Jesucristo el Señor Todopoderoso.**

De la discusión previa, es claro que con todos los conceptos envueltos tenemos solamente que deducir una conclusión y esa es que Jesús es el Dios Todopoderoso. Él posee todo el conocimiento, sabiduría, recursos, poder, habilidad, autoridad, estatura y cualquier otra cualidad que usted pudiera imaginar alguna vez lo que le da a uno la capacidad de ser el Dios poderoso y desde luego el poderoso Salvador. Usted y yo lo necesitamos.

Jesucristo el Dios Poderoso a su Lado

Jesús es el Dios poderoso. Esto es verdadero y buenas noticias para toda la humanidad. Imagine que el demonio fuera a tener su titulo y cualidades; Usted y yo hubiéramos estado en un problema profundo. Pero gracias a que Dios quien no lo ha permitido sino que este mismo Jesús es el Salvador, Rescatador, y Señor. Así trayendo todos sus atributos y características a nuestras circunstancias para nuestro propio beneficio.

Esto sólo puede ocurrir cuando una persona se decide a estar de su lado completamente. Algunas personas parecen estar del lado de Cristo sólo cuando se encuentran en la iglesia o cuando las cosas van a su favor. Querido lector, usted no podrá tener una inclinación cristiana, pero el hecho es claro, Jesucristo es para toda la humanidad. Él no sólo es para Judíos, europeos blancos, o cualquier otro grupo particular de personas. Usted también podría haber ya estado profesando a Cristo, pero recuerde que Jesús demanda total alianza y dependencia en él.

La Biblia dice en 2 Cr. 16:9 que *"Porque los ojos* ***de JEHOVA*** *contemplan toda la tierra,* ***para mostrar su poder a favor de los que tienen corazón perfecto para con él.*** *Locamente has hecho en esto; porque de aquí en adelante habrá más guerra contra ti."*

Este mismo Señor siempre está listo para demostrar su poder, querido lector, para exhibir todo su poder y fuerza a su favor. ¡Increíble! ¡Piense en esto!

La clave para tener el Jesús poderoso peleando por usted se encuentra en el texto arriba: *los que tienen corazón perfecto para con él.* Aquí lo está, un corazón perfecto, un corazón lleno de confianza y fe en Jesús. Un corazón que está dedicado a complacer a Jesús únicamente (2 Ti. 2:4, Jn. 8:29). Un corazón que totalmente reconoce lo que es y lo que puede hacer (He. 11:6). Un corazón que depende de él totalmente y de él solamente (Jn. 15:5) es el secreto. Un corazón que sinceramente busca complacer a Cristo en actitud, conducta, conversación y pensamiento es lo que hace la diferencia. Está buscando el corazón que anhela permitirle manifestarse en esa vida. La clave es un corazón lleno de gracia y dedicación a Dios. El Dios poderoso está en la búsqueda de gente con corazones para servir.

Es allí y entonces que debemos tener, *"**Jehová os dice así:** No temáis ni os amedrentéis delante de esta multitud tan grande,* ***porque no es vuestra la guerra, sino de Dios*** (2 Cr. 20:15)."

Prepare al Señor Jesús un lugar para quedarse en su corazón. Haga del regalo de Dios su herencia. Él estará entonces a su lado para que usted pueda reinar y prevalecer en esta vida. Salmo 16:5-9 nos da un resumen de nuestra discusión hermosamente, *"**Jehová** es la porción* ***de mi herencia*** *y de mi copa; Tú sustentas mi suerte.* ***Las cuerdas me cayeron en lugares***

deleitosos, Y es hermosa la heredad que me ha tocado. *Bendeciré a Jehová que me aconseja; Aun en las noches me enseña mi conciencia.* ***A Jehová he puesto siempre delante de mí;*** *Porque está a mi diestra,* ***no seré conmovido.*** *Se alegró por tanto mi corazón,* ***y se gozó mi alma; Mi carne también reposará confiadamente.***"

Queridos aquí están. Reciban este regalo que Jehová tiene para ustedes y ustedes nunca se arrepentirán de que lo hicieron; porque su vida nunca será la misma, sino mejor.

Cuando usted hace a Jesucristo el verdadero Señor de su vida, él lo hace a usted poderoso e invencible también (Ro. 8:37). Usted se convierte en un campeón y deberá reinar en esta vida y más allá. Recuerde, él guía a sus seguidores a la victoria en caballos blancos.

Capítulo Siete
El Padre Eterno

'Cristo como el Padre eterno simplemente significa tener esa relación de acuerdo con él, la cual le da el derecho espiritual legal y la responsabilidad para ejercitar sobre su vida todas las demandas de paternidad'

Osmond

'El amor de Cristo lo hace anhelar profundamente por cuidar de usted y ofrecerle todo lo que él tiene'

Osmond

¿Quién es un Padre?

La palabra padre es un titulo dado a las personas del género masculino que tienen un lazo especial con nosotros. El *Webster's New Student Dictionary* define padre como: "

- Un padre
- El que cuida a otro como padre

- El originador, autor, fundador o productor

- Dios"

Los conceptos derivados de la definición del diccionario de la palabra padre, primero, hablan de alguien del género masculino quien da la semilla a alguien del género femenino para la reproducción. Aquí la relación es biológica. Así es como encontramos que este aspecto del concepto padres incluye todos los del género masculino quienes han embarazado personas del género femenino para tener hijos con ellas. Decimos entonces que alguien del género masculino que ha unido sus células reproductivas con las de alguien del género femenino para producir un hijo(a) es un padre. Este grupo incluye el cuerdo y el demente, el rico y el pobre, el completo y el invalido, el joven y el viejo, el responsable y el irresponsable, etc. En el sentido biológico sólo puede haber un padre y no más. Así que ya sea por ingeniería genética o cualquier medio por el cual el bebé venga al mundo, el hecho es que el padre sigue siendo uno y sólo uno. Esta paternidad mencionada no es, por consecuencia, limitada a sólo el nacimiento sino a como el vástago es cuidado hasta la madurez. **El *derecho* de dar vida a un hijo(a), da al padre automáticamente *la responsabilidad* de cuidar por ese hijo(a).**

Un padre es visto en este doble papel; una relación biológica seguida por el cuidado. Tenemos una imagen de no sólo dar vida sino de también proveer el cuidado adecuado a un hijo(a) para un crecimiento y desarrollo sensato hasta la madures. Esto incluye protección, provisión, educación, salud, etc. Es así como este hijo(a) debe de capturar esta imagen de lo que es un padre en sus recuerdos; alguien llamado **padre**, alguien que conlleva un escudo, inspiración, apoyo, contribución, etc., sí, sí un PADRE.

Así que si usted es un padre entonces sepa en lo que está metido como resultado de su derecho a tener un hijo(a).

También podríamos tener un padre por una relación no-biológica. Esto sucede cuando alguien del género masculino, quien es mayor o en una posición alta, asume un papel de protector de tal manera que asemeja al de un padre. Naturalmente tenemos una sensación de que la persona es un padre para nosotros. Algunas veces hasta lo llamamos padre inconscientemente. Esto sucede porque esta sensación es derivada del cumplimiento que sentimos de parte de estas personas en el aspecto social, económico, educación y espiritual. Es natural por eso sentirse así y llamar a estas personas padres.

Esto sucede independientemente de que nuestros padres biológicos estén presentes o de acuerdo. Es una consecuencia natural. Este tipo de padres es visto como mentores o consejeros personales. Estas son personas a las que asistimos, la mayoría del tiempo, cuando estamos en nuestras ansiedades más profundas. Los respetamos y tratamos tan bien, algunas veces mejor que a nuestros verdaderos padres biológicos (lo cual es bíblicamente malo al comandársenos honrar a nuestros padres incondicionalmente, Éxodo 20:12, Efesios 6:2).

Recuerde que el valor que ponemos en esta clase de padres es basado en la propia responsabilidad impuesta para con nosotros. Usualmente no pedimos este tipo de responsabilidad, pero seguido, estas personas por amor toman esta responsabilidad de cuidar por nosotros. La mayoría de estas personas son pastores, ya sea por vocación o por llamado, o ambos. Así por la responsabilidad de cuidar, llamamos a estas personas padres. Por el cuidado paterno que ellos ejercen sobre nosotros, nosotros reciprocamos con la clase de actitud que se les debe a los verdaderos padres biológicos.

La palabra padre también conlleva el concepto de alguien nacido, iniciado, creado o 'el que trajo primero' un concepto o una idea de lo virtual a lo tangible. Esta es el área de originalidad y autoría. Así, alguien que es visto como el autor, fundador o productor de algo es conocido como el padre de ese algo. Podríamos entonces decir que Albert Einstein es el padre de la Teoría de Relatividad.

El área de paternidad se deriva de la idea de que los hijos son nacidos de la semilla del hombre. La persona que llamamos Jesucristo es el único nacido de la semilla de la mujer (Gn. 3:15). Así el iniciador y el proveedor de la semilla para que un hijo(a) nazca es el hombre. Es sólo la mujer la que posee la capacidad para cuidar este vástago hasta el nacimiento y más allá. Es por eso que quien se convierte en el originador de un concepto, el cual es realizado, se le conoce como el padre de ese concepto. También se le considera un padre a cualquiera quien su contribución no es pequeña y afecta una institución, un cuerpo de pensamiento, un proceso y hasta una ciudad o nación. El Creador de todas las cosas, reales o virtuales, es el Señor Dios Todopoderoso, como ya ha probado bíblicamente antes. Es así que Dios es visto como el Padre de todas las cosas.

Las Responsabilidades de un Padre

Las responsabilidades de un padre son numerosas. Sin embargo, todo puede ser sumado dentro de cinco categorías principales, específicamente: La cabeza del hijo(a), proveedor de seguridad, proveedor económico, ejemplo y por último, instructor del hijo(a).

El padre es el encargado de ser la cabeza de toda la familia de acuerdo a la escritura. En Efesios 5:22-24, leemos, '*Las casadas estén sujetas a sus propios maridos, como al Señor; porque el marido es la cabeza de la mujer, así como Cristo es cabeza de la iglesia, la cual es su cuerpo y él es su Salvador. Así que, como la iglesia está sujeta a Cristo, así también las casadas lo estén a sus maridos en todo.*'

Esto es la Biblia. Aquí el esposo como cabeza o padre de la casa no lo es por ingresos, raza, educación, estatus, . . . sino por el derecho del matrimonio que Dios ha ordenado al hombre. Note que el abuso de esta posición o la irresponsabilidad al manejarla no nulifica la ordenanza si la relación marital está ahí. La aceptación y el manejo impropio de esta divina ordenanza crean problemas en el hogar.

Como padre es entonces su responsabilidad proveer **liderazgo** a su hijo(a). Este liderazgo involucra el diseño y realización de una visión y meta para el niño por toda la vida. Esta meta debe ser aceptable, responsable y sostenible. Esta iniciativa señala a hacer del niño un adulto del cual la sociedad puede estar orgullosa; y también aprobado por Dios. Así que esto no es una cuestión de tener niños 'llenos de escuela' sino de una responsabilidad maravillosa para asegurase que son criados **apropiadamente**.

La paternidad también envuelve el proveer seguridad para el niño(a). Extraído del diccionario *Webster's*, la seguridad acarrea la idea de un 'estado de estar seguro; libre de ansiedad; seguridad, certeza; protección; y medidas de protección.' Esto envuelve consideraciones inmediatas y a futuro. El padre debe hacer todo lo que se necesite hacer para asegurar la seguridad del niño(a) ahora y mañana. Los peligros envueltos aquí pudieran ser daño físico (heridas), mal salud anatómica y mental, y enfermedades, destitución, pobreza, lazo espiritual y los problemas asociados, incapacitación académica e intelectual, etc.

Podríamos estar hablando del padre que provee comida, ropa, y un techo, los cuales son básicos. No debemos olvidar otros esenciales como una educación completa (información adecuada), un ambiente adecuado, censura apropiada de pupilos y multimedia, medidas que construyan confianza, técnicas para tomar decisiones y resolver conflictos, etc. De esta manera nada debe de ser dejado sin revisar para que su guardia este segura ahora y en el futuro.

La paternidad de un hijo envuelve una responsabilidad económica. La Biblia dice en Eclesiastés 10:19, *'Por el placer se hace el banquete, y el vino alegra a los vivos; y el dinero sirve para todo.'* Así en la vida el dinero es usado para todo lo que hacemos. Usted puede hablar de cualquier cosa, desde la educación hasta la religión, de la arqueología hasta la zoología, de hecho todo lo humano envuelve el dinero. Usted mismo puede pensar en esto; si usted descubre algo que hacemos que no envuelva el uso del dinero de una manera directa o indirecta, yo estaré encantado de oírlo. Aquí hablamos del padre que se está preparado económicamente para sostener a este hijo(a) en todo lo que requiera dinero. Pagar cuentas; proveer todas las cosas y los servicios necesarios para el hijo(a).

La iniciativa de la paternidad también envuelve el ejemplo. El padre debe ser un vivo ejemplo en todas las cosas admirables. El padre debe proveer una fuente de esperanza, ánimo, e inspiración para este hijo(a). El padre debe ser alguien de quien sus logros personales, actitud hacia el trabajo y la vida en general, se conviertan en un reto para que el hijo(a) los alcance o los supere.

Mejor aún, el padre debe ser la clase de persona quien este en la posición para ser un mentor de su retoño. El hijo(a) debe ver al padre como alguien en quien se tiene confianza hasta el punto en el que el hijo(a) pueda confiar en usted; compartir miedos personales, ansiedades, esperanza y aspiraciones y acudir por orientación y dirección. La Biblia dice en Efesios 6:4, *'Y vosotros, padres, no provoquéis a **ira** a vuestros hijos, sino criadlos en disciplina y amonestación del Señor.'* El padre no es alguien quien provoca que el hijo(a) se enoje, desespere, desanime, se tenga lastima, se tenga en un mal concepto y auto destruya.

Otra función demandante de los padres es la de instruir y disciplinar los hijos. De acuerdo al diccionario *Webster's*, la disciplina carga consigo la idea de: 'enseñanza, aprendizaje, instrucción que moldea o perfecciona, castiga, conducta ganada por instrucción y un sistema de reglas que gobiernan la conducta.' Aquí vemos a padres que están conscientemente y a propósito buscando poner en orden el comportamiento y la conducta de sus dependientes hacia una forma específica o molde de conducta. No sólo dejando a los niños a la merced de la ayuda de la casa o de la niñera, ni tampoco como una cuestión de abuso infantil. Sino que tiene que ser con amor, preparando, enseñando, reprimiendo y por todos los métodos sociales y bíblicos aprobados asegurándonos que el niño se comporte y crezca dentro de un molde de carácter aceptable. Por ignorancia, sin guía y mis informada pasión que algunos llaman amor, carrera y negocios o aún peor, 'el síndrome de tengo que hacerla', muchos ignoran la disciplina de sus hijos. Algunos padres dejan a sus hijos consentidos y mimados a la merced de la televisión, el internet y los grupos de amigos. La crianza propia y moral de los hijos es ahora sacrificada por el dinero, las ambiciones personales y las pasiones. Nadie en la casa se está asegurando de que los niños estén haciendo lo correcto, oh Dios ten piedad.

Padres disciplinen a sus hijos. El proveer comida, ropa, casa y las colegiaturas o útiles escolares no es suficiente. Muchos de los caos sociales y dolores de cabeza son sólo la consecuencia de padres que no disciplinan a sus hijos. **Siempre se requiere un padre disciplinado para ver la esencia de la disciplina, y así disciplinar a los hijos.**

La disciplina es una responsabilidad primaria. Recuerde que cualquier mal comportamiento de un hijo es por ignorancia, curiosidad, necesidad o rebelión. Si es por ignorancia, provea el conocimiento adecuado a través de un consiente y constante esfuerzo por enseñar. Si es por curiosidad, provea una guía e información correcta relacionándola a la verdad y las consecuencias naturales de sus acciones. Si es por necesidad, cubra la necesidad para resolver el problema. La rebelión demanda una reprimenda, enseñanza y ánimo hacia lo correcto.

Ser padre es algo serio. Asumiendo que usted fuera a tener un padre que era capaz de cumplir con estas demandas perfectamente, ¿cómo usted piensa que hubiera sido o sentido? Aun que usted pueda ser un adulto, hay aun un Padre quien quiere y de hecho anhela con proveernos con todo el apoyo que necesitamos como mortales para así sacar el mejor provecho de la vida desde la perspectiva eterna. Queridos, Dios le importa. De hecho, a él le importa usted como individuo.

Tener a Jesucristo como su Padre Eterno

Tener a Cristo como su Padre eterno significa simplemente el tener esa relación de convenio con él, la cual le da el derecho legal espiritual y la responsabilidad de ejercitar sobre su vida todas las demandas paternas ya discutidas. La relación es primariamente espiritual. Como Dios es un espíritu y como un ser humanos es esencialmente un espíritu, Dios se relaciona con nuestro espíritu. Leemos en San Juan 4:24, *'Dios es Espíritu; y los que le adoran, en espíritu y en verdad es necesario que adoren.'*

¡Oh! Como uno desearía que Cristo fuera un padre para él/ella. Mire lo que él es y lo que él puede hacer por usted. No es tarde si usted quiere establecer esta relación. De hecho esto comienza con la salvación de su alma. La biblia dice que cuantos crean en él, aun los que creen en su nombre, les dio protestad de ser hechos hijos de Dios (San Juan 1:12). Es por eso necesario entregar su ser total a Jesucristo y hacerlo su Señor y Salvador. Algunas personas piensan que no necesitan ningún salvador para que los salve. Querido lector, si usted no se puede ver a sí mismo como un pecador que necesita ser salvo de su pecado y sus efectos, Cristo no lo puede salvar (S. Mateo 18:10-14). **Note que Cristo es el único que puede salvar** (Hch. 4:10-12), y confíe la salvación de su alma en sus manos (Ro. 10:9-11, He. 7:25). Usted no puede salvarse a sí mismo. Consecuentemente usted no puede ser un hijo de Dios sin Cristo.

Recuerde que todas las personas son creaturas hechas a la imagen de Dios, pero no todas son los hijos y las hijas de Dios. Toma fe en Cristo, el único Hijo de Dios creado, para establecer la relación, la cual hace de Dios su Padre y usted un hijo y coheredero con Cristo (Gá. 3:26-29; 4:4-7).

Es hasta que usted se convierte en un hijo de Dios que su responsabilidades paternas comienzan sobre usted. Entregue su vida a Cristo. Él lo quiere mucho. Él murió por usted para que usted pudiera tener esta relación establecida, si usted así lo desea, para de una manera apropiada poner de una forma tangible su amor eterno y su prodigio en su vida personal.

El establecer y **mantener** esta relación con Cristo como su Padre Eterno demanda un obligación total y alianza a Dios y una separación de todo lo que la biblia llama el sistema del mundo. La Biblia dice en 2 Corintios 6:14-18, *'No os unáis en yugo desigual con los incrédulos; porque ¿Qué compañerismo tiene la justicia con la injusticia? ¿Y qué comunión la luz con las tinieblas? ¿Y qué concordia Cristo con Belial? ¿O que parte del creyente con el incrédulo? ¿Y qué acuerdo hay entre el templo de Dios y los ídolos? Porque vosotros somos el sois el templo de Dios viviente, como Dios dijo: Habitare y andaré entre ellos, y seré su Dios, y ellos serán mi pueblo. Por lo cual,* ***Salid de en medio de ellos, y apartaos, dice el Señor, Y no toquéis lo inmundo, Y yo os recibiré, Y seré para vosotros por Padre, y vosotros me seréis hijos e hijas, dice el Señor Todopoderoso.****'*

Todo lector sincero puede deducir que sólo el profesar a Cristo y jugar a la iglesia tratando de realizar una ambición personal no es la cuestión. Dios está diciendo que, para ser su hijo, usted debe separarse de una vida y un mundo pecador; y entonces Dios lo recibirá. NO ES NEGOCIABLE, NO HAY CONCESIONES. No importa cuántos años usted ha estado en la iglesia, usted podría estar hasta en el clero, podría ser aceptado en la sociedad, etc. Los normas de Dios no son negociables; no conoce la modernidad. Así que si lo que usted está haciendo hoy no es lo que Cristo recomienda, entonces . . . La característica de los hijos de Dios es la santidad (2 Ti. 2:19). ¿Desea ser un hijo de Cristo para que él sea 'un padre' para usted? Entonces considere seriamente lo que la Palabra de Dios está diciendo, (S. Juan 15; 18, 19, 1 S. Juan 2:15; 3:1).

Como Cristo es eterno en naturaleza, sus planes para nosotros son también eternos en naturaleza. La paternidad de Cristo hacia nosotros es de ambos, tiempo y eternidad. La capacidad de Cristo para ser padre depende primariamente de su naturaleza. ¿Qué no puede hacer él si se le da la oportunidad? No nos dejemos engañar. Él lo está invitando a esta esperanza viviente que no ofrece nada sino satisfacción y paz real. Él añora ser su Padre, para su propio bien y mejoramiento; permítaselo. Considere cual sería su suerte si lo encuentra el día del juicio final sin que él sea su Padre. ¡Demasiado tarde! Hágalo a él su Señor y no a este mundo. La vida independiente de él es la decisión más contra producente que cualquier persona pudiera hacer, desde la perspectiva eterna. El Señor Jesucristo es el Padre Eterno, que vivió para atender en usted todas las responsabilidades paternales a la perfección.

Capítulo Ocho
El Príncipe de Paz

'La única fuente de paz verdadera en esta vida y mas allá es Jesucristo'

Osmond

El Concepto de Paz

La paz es una palabra deseada por todos quienes puedan ser racionales y razonables. La gente de buenos deseos tiende a seguir la paz. Hay muchos grupos con el propósito de establecer paz en el mundo, pero ¿son de verdad capaces de establecer la paz para lo que se crearon? ¿De verdad tenemos la paz que tanto deseamos en nuestras vidas personales? ¿Es algo que se puede obtener o es elusivo?

Ahora veamos lo que es la paz porque el Señor Jesús es el aclamado Príncipe de Paz, y como se puede tener a este Príncipe de Paz estableciendo su paz en nuestra vida.

Del diccionario Webster's New Student Dictionary, la palabra paz conlleva las siguientes ideas:'

- Estado de tranquilidad o de quietud.
- Libre de disturbios civiles o guerras extranjeras.
- Estado de seguridad o orden dentro de una comunidad protegida por la ley.
- Libre de pensamientos o emociones inquietantes u opresivas.
- Harmonía en las relaciones personales.
- Acuerdo entre enemigos o gobiernos para terminar hostilidad.'

De lo previo, ciertos conceptos están claros y de los cuales intentaremos definir paz. **La paz podría ser entonces definida como el estado de tranquilidad, seguridad y orden que existe dentro de un individuo, dentro de una comunidad o entre naciones.**

Esta paz de la que estamos hablando puede ser descubierta (abierta o manifestada para ser vista). La paz podría ser encubierta (escondida dentro de la persona). Cualquiera que sea el caso, influye la actitud, juicio, respuesta y reacciones de la persona hacia él o ella misma, otras personas y circunstancias. Este estado de paz podría o no depender del ambiente. Alguien podría tener paz aun que el ambiente podría ser caótico. En las páginas de la biblia (Hch. 7:54-60, Hebreos 11:35-40) y también en libros de historia acerca de la iglesia en otros tiempos encontramos creyentes de Cristo quienes le cantaban alabanzas al Señor al mismo tiempo que eran apedreados a muerte, aventados a los leones o hasta quemados en leña. Hoy entre toda la pobreza, enfermedad, retrogresión general social, etc., algunas personas experimentan la paz de Dios que sobrepasa el entendimiento humano. Contrariamente usted podría encontrar a un ejecutivo de negocios cometiendo malversación en medio de la lenitudo o con inclinaciones suicidas. También podríamos encontrar a un supuesto hombre o mujer de Dios que abusa de la esposa(o) o que roba fondos de la iglesia a pesar de toda la verdad que predican. Algunas personas tienen esposas(os) correctos pero de todas maneras encuentran una causa para cometer infidelidad. Hay hombres adultos que violan niñas menores o hasta infantes a pesar de las numerosas mujeres adultas quienes podrían estar listas para una relación de esa índole, etc., etc. Así usted ve que la paz no necesariamente depende de las circunstancias.

Veamos lo que pasa dentro de un individuo (Intra-individuo). Los patrones de pensamientos, emociones, sentimientos físicos, imaginaciones, etc. son las cosas que estamos discutiendo ahora. Sí son cosas de la cuales podríamos escribir; sí son cosas que promueven tranquilidad, seguridad u orden y desarrollo justo para la persona, otra gente o la comunidad completa. Si los pensamientos, las emociones, y todas las cosas que suceden dentro de la persona no satisfacen estas metas, entonces decimos que la persona no tiene paz. Si lo que sucede dentro de una persona promueve caos, violencia, hostilidad, violación, complejos de inferioridad o superioridad, codicia, inclinaciones sexuales fuera de lo ordinario, soborno, suicidio, robo, toda forma de corrupción, venganza, envidia, brujería, vudú, miedo, fraternidades secretas, drogas, etc., entonces la persona no tiene paz. Si **un individuo se manifiesta por las obras de la carne, entonces ese individuo no está en paz con él o ella misma** (Gá. 5:19-21).

Desde el punto del individuo, veamos entre individuos (inter-individuo). Entre gente, la paz es establecida o existe sólo cuando las partes involucradas tienen paz dentro de ellas mismas. **Si no hay paz dentro de ellas como individuos, entonces seguramente no habrá paz entre ellas como un grupo de personas.** La persona podría ser un amigo o tener un lazo de sangre, no importa. Usted sólo se dará cuenta con el tiempo que algunas actitudes de esta persona hacia usted no son para su beneficio. Es por eso que usted puede confiar en alguien como un amigo o un confidente, pero esa persona eventualmente demostrará algo de egoísmo y por consiguiente romperá esa confianza. Esta persona podría ser un esposo(a), una relación de sangre, de iglesia, 'compañeros de trabajo', 'amigos que florecen', etc. Sólo que esta persona no tiene paz interna. Podrían saberlo o no. Por ejemplo; alguien le envidia por algo que usted ha adquirido; no es admiración sino envidia. Esta persona luchará contra cualquier cosa que pueda promoverlo si tan siquiera existe la más mínima posibilidad.

La paz en una comunidad o nación envuelve una situación no violenta y ordenada en una comunidad. Podríamos encontrar cosas moviéndose de una manera predeterminada por la constitución, si es demócrata, o por cualquier código de orden que es predeterminado por la agencia de gobierno en control. Así la situación es predeterminada. Las comunidades y las naciones son constituidas por individuos. Las personas que son responsables por las decisiones que son tomadas para las comunidades y países son las mismas personas que estamos discutiendo. Las mismas situaciones sin paz que se encuentran adentro de ellos afectan definitivamente las decisiones para sus comunidades. Es por eso que no nos asombra encontrar muchas naciones en guerra con ellas mismas y con otros.

Somos testigos de líderes egoístas, arrogantes, codiciosos y opresivos quienes mandan naciones a la pobreza, guerras civiles y todas las situaciones caóticas alrededor del mundo de hoy en día. Algunos van a tales extremos como de contratar guerra con otras naciones. Al navegar fuera de las bases reales y motivos detrás de estas masacres de gente sin sentido, usted descubrirá, que no es nada más que ambiciones crudas, egoístas y no ordinarias que llamamos logros. Algunas veces estas guerras son sólo ajustes de cuentas. Observe el desorden político alrededor de nosotros, en naciones desarrolladas en particular. La verdad de las cosas es que estas personas carecen de paz interna.

Hay siete áreas de inclinación humana que me gustaría que consideráramos las cuales determinan si una persona tiene o no paz interna. Para cualquier individuo racional, lo siguiente debe ser experimentado tangiblemente para que exista paz dentro de esta persona:

- <u>Falta de toque espiritual.</u> Dios es fuente de toda vida (Juan 1:4). Todo ser creado por Dios, cuando conectado a Dios, posee un sentido de paz que fluye de este Dios de paz. Dios es declarado en las escrituras como el Señor de paz (2 Ts. 3:16). Cada persona que es separada de Dios espiritualmente tiene dentro una falta de paz o alegría. La gente ajena a Dios por trabajos perversos (Ef. 4:18). Así que si usted no tiene a Jesús como su Señor y Salvador (para estar conectado a Dios), entonces hay una aspiradora espiritual a la que se le atribuye esta falta de paz.

- <u>Valor personal y confianza.</u> La gente no está en paz cuando la propia confianza y el valor personal están faltando. La confianza personal también afecta la visión personal y el impulso por la vida en general. Esto también afecta los medios por los cuales la gente logra sus metas en la vida. Imagine que alguien tiene complejo de superioridad, ¿cuál cree que sea la actitud de esta persona con otras personas? La gente con complejo de superioridad tiende a ser opresiva y arrogante. Un clásico ejemplo podría ser los nazis o racistas. Esos con complejo de inferioridad podrían ser tímidos, hoscos, críticos, envidiosos y seguido son agresivos hacia aquellos que ellos perciben como superiores. Un concepto personal propio y bíblicamente balanceado afecta la manera en la cual uno ve la vida.

- El poder de compra de las necesidades básicas y algunas veces de lujos es otra área. Cuando alguien no puede comprar cosas que él o ella necesitan o desean, entonces entra la frustración y la persona no está en paz.

- Control personal. La gente no tiene paz cuando no pueden controlar sus deseos y emociones. El coraje, la tristeza, las tendencias suicidas, las pasiones sexuales fuera de lo ordinario, el alcoholismo, las drogas, la depresión, etc. deben ser puestas en un 'yugo' y traer bajo control. Una persona que no puede controlar algún deseo o tendencia para hacer el mal o se envuelve en mala conducta no está en paz con él o ella misma. Cualquier persona racional no se sentirá en paz aun cuando ejecute esta mala conducta. Toda la energía y recursos deben ser canalizados hacia fines bíblicos y sociales para el mejoramiento de uno mismo y la humanidad.

- Sentido de logro y reconocimiento. No se tiene paz si una persona no se siente aceptada o querida. Hay inestabilidad cuando una persona siente que él o ella no ha logrado nada en la vida. Una pregunta básica tal como ¿para qué he vivido en este mundo? continúa molestando el sentido de valor de la persona. Hay una falta de paz cuando la propia marca o el blanco de logro, del punto de vista bíblico, no son primero entendidos y segundo obtenidos.

- Orientación del sistema de valores. Hay inestabilidad en una persona cuando ese individuo ha desarrollado un sistema de valores, el cual no es basado en la verdad. La verdad es duradera. La verdad libera (S. Juan 4:32). La verdadera libertad es establecida con la verdad. La verdad es la base para la libertad, la paz y el desarrollo. Por eso si una persona está operando con un sistema de valores que no es basado en la verdad, esa misma persona no tendrá la paz deseada. La persona no podrá específicamente señalar el problema real, pero esa es la realidad. El sistema de valores de esta persona está conformado de los principios e ideas que la persona ha internalizado como un código personal de vida. Un sistema de valores adecuado está basado en los principios bíblicos, la disciplina y el respeto por los derechos humanos. Un sistema de valores propio es tener la perspectiva de Dios en cuestiones de la vida.

- Sentido de seguridad. La paz está ausente cuando un individuo se siente inseguro. Está inseguridad podría ser en lo económico, social, espiritual, etc. Mucha gente se siente insegura, hasta el punto de la muerte también. Así tal persona podría morir sin paz. La falta de esperanza (Ef. 2:12) y la falta de buena voluntad hacia la vida es también una demonstración de falta de paz.

Jesús el Príncipe de Paz

La biblia declara a Jesús como el Príncipe de Paz y de hecho Él es nuestra paz (Ef. 2:14). Esto significa que el Señor Jesucristo es el solo custodio, encargado, dador, sostenedor, y la verdadera personificación de lo que se considere paz. El reino de Cristo es llamado el reino de paz (Ro. 14:17). El Señor Jesús tiene una paz distintiva que él ofrece **la cual no puede ser sustituida por nada en este mundo,** así lo declara la biblia. Él dice en Juan 14:27, '*La paz os dejo,* ***mi paz os doy; yo no os la doy como el mundo la da.*** *No se turbe vuestro corazón, ni tenga miedo.*'

Él es el verdadero satisfactor de vida. Él concede paz a todo quien humildemente viene a él y desea su paz. Él es el pan de vida. La biblia dice en Juan 6:33, 35, '*Porque el pan de Dios es aquel que descendió del cielo y da vida al mundo . . .* ***Yo soy el pan de vida; el que a mí viene, nunca tendrá hambre.*** **Y el que en mí cree, no tendrá sed jamás.'** Él imparte paz a la gente que viene a él; y nunca tendrán hambre ni sed. Esto es porque se sienten satisfechos con la vida. En él está la vida; él da está vida a cada área de esfuerzo en el que nos encontremos. Al explorar más a fondo el regalo de Dios, uno se da cuenta que la paz de Jesucristo impregna el espíritu, el alma y el cuerpo de un individuo. No es una teología académica sino una experiencia de la vida tangible y real.

La paz de Cristo es única en todo sentido de la palabra. Esto se debe a que no puede ser extraída de ninguna otra fuente. Su paz es para hoy y la eternidad; así como vivimos en este mundo y también en la conciencia de lo sucesivo. Apocalipsis 21:3-5 dice, '*Y oí una gran voz del cielo que decía: He aquí el tabernáculo de Dios con los hombres, y él morará con ellos; y ellos serán su pueblo, y Dios mismo estará con ellos como su Dios.*

Enjugará Dios *toda lagrima de los ojos de ellos; y ya no habrá muerte, ni habrá más llanto, ni clamor, ni dolor; porque las primeras cosas pasaron. Y el que estaba sentado en el trono dijo: He aquí, yo hago nuevas todas las cosas. Y me dijo: Escribe;* ***porque estas palabras son fieles y verdaderas.****'* ***Al entregarnos a sus principios de vida, recibimos y tenemos paz dentro de nosotros.***

La paz con Dios es la base y el cimiento para tener paz dentro de una persona. La biblia dice en Efesios 2:13-18 que Jesucristo es nuestra paz. Es Cristo el que reconcilia la humanidad con Dios; y de esto es de lo que se trata la salvación. Al nacer otra vez, nos estamos reconciliando otra vez con Dios a través de Cristo. Esto nos imparte una paz de fuente divina dentro de nuestro espíritu y alma, llenando el vacío espiritual que nos deja la intranquilidad inexplicable cuando uno no se ha entregado a Dios. Esto también le da a los salvos por Cristo un sentido de seguridad que no se puede explicar en términos humanos sino que simplemente se reconoce como parte de uno. Esta paz viene únicamente de Jesucristo. La paz es nutrida al individuo al vivir y depender de los principios de Cristo (Mt. 11:28-30). No depende de nada terrestre, del dinero, sexo, metas personales alcanzadas, etc. La paz es impartida al espíritu o el alma de una persona por el Espíritu Santo.

Como el Príncipe de Paz, Jesucristo nos da esperanza en la vida. Estamos hablando de la conciencia de que no todo está perdido; sino que hay un Dios supremo quien es o pudiera ser su Padre a quien en realidad le importa. Con él, ninguna situación está sin esperanza. Cristo en vosotros es la esperanza de gloria (Col. 1:27). Este sentido de esperanza le da a uno la fuerza interior para continuar y saber que todo está bien. Esta es esperanza que brota hacia la eternidad. Esta esperanza imparte en el creyente un sentido general de bienestar hacia la vida y otros.

Si consideramos los consideramos los aspectos variados de la vida humana acabados de mencionar, el Señor Jesucristo los satisface todos en su totalidad. Él otorga paz a todo quien venga a Dios a través de él. La biblia dice en Colosenses 2:10 *'y vosotros estáis completos en él, que es la cabeza de todo principado y potestad.'*

El Señor Jesucristo es capaz de salvar completamente a todos quienes vengan a Dios a través de él reconciliando la persona con Dios. Al estar esta reconciliación completa, hay paz entre la persona y Dios; por lo tanto esta persona recibe la paz de Dios.

Una autoestima propia y la confianza necesaria para la vida dependen de lo que una persona sepa y tenga. Con el Señor Jesucristo a su lado lo hace ser la mayoría. Usted es más que un conquistador a través de Cristo quien lo amó y murió por usted. Su conocimiento de lo que Cristo ha hecho y está dispuesto a hacer por usted hace toda la diferencia. Él es nuestra esperanza y confianza en este mundo.

El Señor Jesucristo posee el poder para cambiar cualquier situación porque él es el Creador. Él nos da el poder para lograr riqueza. Por sus principios bíblicos divinos de la vida tenemos la luz que nos da el entendimiento y sabiduría para una vida prospera. Él es capaz de establecer y proteger el trabajo hecho con nuestras manos para que podamos encontrar una vida que valga la pena vivir en el planeta tierra.

El poder de Jesucristo impartido a nuestro espíritu en la salvación, la enseñanza sabia de las escrituras, el apoyo y el poder de su espíritu nos hace poder ejercitar control (2 Ti. 1:7). Él ilumina nuestras facultades mentales para tener un sano juicio y para entender la sabiduría del cielo y la esencia de la justicia. Al entregarnos a Cristo para convertirnos en nuevas creaturas en él, tenemos paz y control de uno mismo, porque entonces será Cristo quien este al timón de los asuntos de nuestra vida.

Cuando Dios lo acepta, querido lector, ¿Qué es el hombre? Si Dios a través de Cristo me acepta y me quiere, el rechazo humano no debería de ser nada para mí. El mundo querrá a los suyos y odiara a la gente de Cristo (S. Juan 15:19, 2 Ti.3:12). Al entregarse de todo corazón a Cristo, sus colegas y parientes tal vez no lo acepten, pero anímese porque el Señor está de su lado. Porque las cosas son tan difíciles para usted hoy, la gente lo rechaza; usted puede hasta parecerles extraño. Querido lector, **regocíjese porque su Redentor vive**.

Es muy satisfactorio lograr un sueño en la vida. Cuando usted se entrega a Cristo usted reconocerá que todo lo que pudiera hacer en la vida es a través del poder y la sabiduría de Cristo (Dt. 8:13-18). Él es el que recibe toda la gloria.

El sistema de valores del reino afuera de Cristo es tan poroso y vacio al grado que la gente ve las ganancias materiales como una medida de los logros de la vida (Lc. 12:15). No es de extrañar que los seres humanos no estén en paz con ellos mismos y sus semejantes. La gente se atormenta con muchas penas para las cuales las ganancias no son de valor eterno. Es por eso que algunas personas engañan, matan a otras personas por ritos o asesinatos ocultos, se unen a sociedades secretas, roban, desfalcan fondos estatales, mienten, difaman a otros, viven vidas adulteras, discriminan racialmente, etc. Todo esto es hecho por el motivo de tener riqueza material y satisfacer sus egos. Tales personas son indigentes de paz (1 Ti. 6:9, 10). El sistema de valores del mundo es así como estimula a una persecución de gansos salvajes por cosas que no son de valor eterno (Mr.

8:36,37). No me mal interprete en concluir que la riqueza, un buen trabajo, etc. son del mal. Estos no son el fin, sino comodidades en la tierra que deberían ayudarnos a expresar el amor y la sabiduría de nuestro Creador hacia los unos y los otros.

La sabiduría y el orden de nuestro Señor por la vida nos salvan de tales males y preocupaciones que han hundido al mundo en tantas ansiedades, preocupaciones e incertidumbre. Al seguir al Señor Jesucristo, él nos da paz a través de una reorientación del sistema de valores. Entonces nos guía hacia la realidad del sistema de valores eterno, el cual es capaz de hacerlo a uno sabio en el sentido real de la palabra. Este es el sistema de valores, el cual es capaz de liberarnos (**Jn. 8:32**) de preocupaciones innecesarias, depresiones y demás.

Jesucristo es el SEÑOR quien está siempre presente entre aquellos quienes le confían. La presencia del Señor Jesucristo le da al creyente un sentido de garantía y de seguridad siempre presente. En las escrituras encontramos en muchos lugares garantías de la presencia del Señor entre su gente. Principalmente su presencia es de proteger, guiar y dirigir sus vidas si se le ofrece una oportunidad (Mt. 28:20, Is. 41:10). ¡Oh! ¡Qué paz! Jesús es capaz de hacer que su paz que sobrepasa todo entendimiento humano tranquilice su corazón y mente cuando usted más lo está buscando (Fil. 4:6,7).

Esto es de todo a todo un regalo de Dios. Usted no puede dejarlo ir. Su paz en la vida de ahora hacia la eternidad depende del él y solamente de él. Él vino a dar vida en abundancia (Jn. 10:10). Es hora de que esta misma vida abundante de Cristo se convierta en una realidad en su vida (Jn. 4:14; 6:35). De hecho, él desea que usted tenga su paz; este es el Príncipe de Paz (Mt. 11:28).

El Regalo como Dador de Regalos

Este regalo de Dios llamado Jesucristo mismo es también un dador de regalos. Así es como Jesús como regalo da regalos a las personas para ayudarlos a llevar vidas más completas. Esto es maravilloso. El Señor Jesucristo da habilidades especiales a las personas que vienen a él. Hay dos clases básicas de regalos que Jesús les da a las personas que vienen a él. Todos los demás regalos de Dios son derivados de estos dos.

Jesús nos da el regalo de la salvación a través del cual nosotros recibimos su Espíritu, llamado el Espíritu Santo, otorgado para ayudar a la persona a entregarse a Cristo para así convertirse en todo lo que Dios quiere para esa persona. Él es también dado para ayudar al cristiano a hacer todo lo que Dios desea para él o ella (Jn. 15:5). Él es el Consolador al que Jesús le confió a sus seguidores como guía, preservación y edificación. Él da poder para servir (de todas maneras), alabar, adorar, santidad, entendimiento, conmemorar, guiar, etc. La biblia dice Él es el Espíritu del Señor, el consejero, la sabiduría, el entendimiento, el conocimiento, y el miedo del Señor (Is. 11:2-5). A través del Espíritu de Cristo, Jesús bendice a todos aquellos quienes se entregan a él en todo lo que pertenece a la vida y la piedad (2 P. 1:2,3).

Este mismo Espíritu de Cristo da habilidades sobrenaturales y gracia (carisma) a las personas, llamados los regalos del Espíritu (1 Co. 12-14, Ro. 12:4-8). La entrega del Espíritu Santo de Cristo hacia su gente continúa hoy. La entrega de regalos espirituales por parte del Espíritu Santo hacia los creyentes también continúa hasta hoy. Los ministerios del Señor y su Espíritu, incluyendo su bautizo, se extinguirán cuando las cinco creces del liderazgo del ministerio también se extingan (Ap. 2:16-18, 32-33, 38,39, Ef. 4:10-16, 1 Cr. 12-14, Ro. 12:4-8).

Desafortunadamente, algunos por ignorancia o probablemente envidia, por no manifestárseles estos regalos a ellos mismos, condenan estos regalos sobrenaturales del Espíritu completamente. Otros también condenan estos regalos por los excesos algunos exhiben al operar estos regalos, probablemente por orgullo o mal formación. Otros ven estos regalos con sospecha porque piensan que los operadores podrían estar usando poderes ocultos en lugar del Espíritu Santo. Aún así, otros también no quieren saber nada de él por miedo a lo desconocido, sobrenatural, o podrían pensar que se trata de brujería. Algunos claman que en estos tiempos modernos el bautizo y los regalos del Espíritu Santo están completamente fuera de lugar. Esto sucede porque sienten que con toda la sofisticación de conocimiento, tecnología y métodos científicos para resolver cualquier problema, el regalo sobrenatural divino está fuera de lugar. Algunos también piensan que simplemente no quieren tales cosas en su vida, ministerio o iglesia porque la biblia contiene todo lo que hoy necesitan.

¡Ay!, pero en los días apostólicos, los apóstoles a través de quienes el Nuevo Testamento fue escrito existían al igual que las escrituras canonizadas del Viejo Testamento, pero los regalos del Espíritu operaban a escala completa. A pesar de los problemas que estos regalos podrían presentar, siempre hay un incremento cuandoquiera y dondequiera son puestos en operación apropiadamente (Pr. 14:4).

En todo esto, el Señor Jesucristo nunca dejará a su gente en la oscuridad. La escritura mencionada, sin prejuicio, lo aclara que los regalos están todavía en operación hoy para el beneficio de todos. El Señor es lo suficientemente sabio para dar tales regalos a la iglesia, para el beneficio de todos, en esta dispensación de gracia.

Segundo, él ofrece seres humanos como regalos de su cuerpo, dijo la iglesia. Estos regalos son: apóstoles, evangelistas, pastores y maestros (Ef. 4:10-16). Estas son responsabilidades específicas que el Señor Jesucristo otorga a ciertos individuos. Ellos tienen la maravillosa responsabilidad de: perfeccionar los niños de Dios a un nivel de maduración de Jesucristo mismo (Ef. 4:12,**13**). Segundo, ellos tienen que capacitar los creyentes para estar equipados funcionalmente y envueltos en el trabajo de ministerio (Ef. 4:12, 16). Por último, los líderes deberían de construir la iglesia en términos de incremento de conocimiento (calidad) y también de número (Ef. 4:14-16). Ellos tienen que rendir cuentas principalmente al Señor quien los nombró y segundo a su rebaño.

Este es Jesucristo el Príncipe de Paz. Al uno entregarse a él, él lo hace descubrir el verdadero significado y esencia de lo que significa la palabra paz.

Capítulo Nueve
Su Código Operacional:
El Celo de Jehová

'Es en el interés intenso, apasionado e inquebrantable del Señor asegurarse de que usa todas las cosas a su disposición para lograr sus propósitos y planes para usted, al usted seguir confiándole.'

Osmond

El Celo de Jehová

Al Señor de Acogida dar este regalo, el regalo tiene su manera de operar en la vida del que lo recibe. Con todas las características del regalo mencionadas en los capítulos previos, la persona que lo recibe se puede beneficiar realmente del regalo si él/ella entiende verdaderamente como funciona.

En Isaías 9:6,7 leemos, *'Lo dilatado de su imperio y la paz, no tendrán limite, sobre el trono de David y sobre su reino, disponiéndolo y confirmándolo en juicio y en justicia desde ahora y para siempre.* ***El celo de Jehová de los ejércitos hará esto.'*** De la escritura, el rendimiento vendrá del celo del

Señor de Acogida. Así que por cualquier cosa debemos entender lo que es el celo del Señor de Acogida.

Del diccionario Webster's New Student, el celo es definido como 'El afán e interés ardiente en la búsqueda de algo: fervor' El celo infiere una búsqueda energética e incansable de un objetivo o la devoción a una causa.

De esta definición, estas ideas están claras, que el celo:

- Es un deseo interno apasionado para obtener algo
- Es un interés intenso por hacer algo
- Es un deseo obstinado para hacer algo a cualquier costo
- Es usar todos los recursos que uno tiene para asegurarse que un objetivo o meta es alcanzado

En resumen, el celo significa un deseo intenso y obstinado, interés o pasión que conduce a uno a asegurarse que todos los recursos son usados para alcanzar un objetivo.

Para relacionar esto a nuestro tema, el celo del Señor puede entonces significar el interés apasionado, intenso, e incansable del Señor de Acogida para asegurase que usa todas las cosas a su disposición para lograr sus metas. Recuerde que estamos hablando del Maestro del universo entero; de lo visible y lo invisible. El título, 'Señor de Acogida' representa a JEHOVA como el hombre de guerra, el Comandante victorioso del ejército conquistador, el Señor quien pelea por su gente.

Querido lector, pause y observe esta proposición de Dios cuidadosamente. Recuerde que Dios es infinito en todas sus características y atributos. Es así como la capacidad y potencia de su celo para hacer cualquier cosa es también infinita. Piense acerca del Creador, quien hizo y posee todo y controla todo, tiene el poder y la sabiduría, y tiene la formación y el conocimiento. Él es imparable en cualquiera de sus búsquedas. Nada en lo absoluto lo puede detener de lograr cualquiera de sus propósitos.

El diablo (una creatura a quien Dios usa, algunas veces, para cumplir sus propósitos) no puede detenerlo. Los ángeles no pudieron detenerlo. Tampoco pudieron los demonios, ni el hombre, ni la bestia, ni el ambiente (físico o espiritual), ni ninguna circunstancia puede detener a Dios si él desea hacer algo. Encontramos que el Señor usa al diablo para enseñarle a Paulo acerca de sus limitaciones (2 Co. 12:7,8). Vemos un uso similar del diablo por parte de Dios en el tormento por el que el rey Saúl atravesó cuando se reveló en contra del Señor (1 S. 16:14, 15; 19:9).

Cuando las escrituras dicen que el celo del Señor de Acogida va a realizar algo, ese algo en particular está obligado a pasar en el tiempo específico que Dios lo ha designado a pasar. Esto sucede porque será llevado a cabo con tal poder, esfuerzo, pasión, habilidad, autoridad, precisión militar, disciplina, y recursos que debe ser seguramente llevado a cabo cuando Dios lo desee. Por seguro será desprovisto de toda pereza y mala calidad.

Operando con el Celo de Jehová

El operar con el celo del Señor de Acogida habla de estas ideas básicas:

- La operación es llevada a cabo de acuerdo a los principios de trabajo de Jehová;

- El trabajo es realizado de una manera muy habilidosa y perfecta para convertirlo en un fin perfecto y duradero;

- El trabajo es hecho con el poder, la fuerza, velocidad y vigor con los cuales el comandante en jefe de todo el universo trabaja.

- Está obligado a ser victorioso y lleno de frutos.

- La operación es lo que el regalo se supone afecta en su vida.

El operar con el celo del Señor de Acogida no puede ser posible si lo que se va a realizar no va a cumplir con su propósito y plan final. Todo lo que Cristo hace en su vida es lo que a la larga le dará gloria a Dios y cumplirá su plan. Al él dirigir y guiar, sólo una cosa esta obligada a pasar; la victoria y sólo la victoria. Dios nunca va a invertir en algo en lo cual no le traerá al final honor. Si Cristo, el regalo de Dios, se le permite hacer algo en su vida, entonces su vida está destinada a brillar en adelante y traer gloria a él y nada más.

Dios nunca hace nada que pueda violar su naturaleza y principios de operación. Esto significa que todo lo que él hace tendrá que conformar a sus normas morales y santas. Esto envuelve el motivo y el método. Dios no hace acepción de personas. La biblia dice en Hechos 10: 34, 35, *'Entonces Pedro, abriendo la boca, dijo:* ***En verdad comprendo que Dios no hace acepción de las personas*** *(Hechos 10:34): sino que en toda nación se agrada del que le teme y hace justicia.'* No importa sus circunstancias, el poder del Señor, a través de Cristo, está disponible dondequiera para todos los que le temen y siguen sus principios de santidad y justicia. Dios por eso trabaja cuando los humanos están preparados para hacer las cosas a su manera.

Algunas personas sólo quieren hacer las cosas a su manera pero aparentemente corren a Dios cuando están en dificultades. En el trabajo del ministerio, algunos ministros también hacen las cosas a su manera al relegar a Dios. Es por esto que hoy en día el testimonio de la iglesia no es fuerte en nuestras comunidades. En la actualidad, las iglesias se reducen a meros clubes sociales, indigentes del poder, sabiduría y la agenda operacional del Señor. Si los líderes de las iglesias no reconsideran al Señor y a su trabajo, las cosas tomarán un giro diferente. Donde su celo no está operando, pero recurrimos a estrategias y sabidurías más mundanas, terminamos con mínimos resultados celestiales. En otras palabras, creamos gentes vestidas con lenguaje de la iglesia pero quienes son más mundanas que cuando entraron a la iglesia. Nuestras ideas y métodos humanos nunca podrán lograr nada de valor eterno (Jn. 15:5). Usted podrá tener un pasillo o una capilla llena de gente pero . . . Queridos, Dios nos apoya, y el poder del Señor está con nosotros para lograr resultados para él cuando hacemos las cosas a su manera.

El celo del Señor ejecuta una agenda con excelencia. Jehová es el Dios de excelencia (Job. 37:23. **Is. 28:29**, Is. 12:5). Todo lo que su mano se propone hacer es hecho con un acabado perfecto, un acabado que es duradero y no tiene una mejor alternativa.

Él conoce el final y el comienzo; él determina las estaciones y el tiempo; él levanta a uno y pone abajo a otro; él sólo posee toda la sabiduría. Él es más que capaz de acomodar las cosas de la manera más efectiva para lograr los mejores resultados de cualquier ángulo que usted quiera verlo. Usted y yo debemos de tener esperanza y desear los mejores y más efectivos resultados para nuestras acciones. Entonces necesitamos aceptar y recibir en nuestro seno el regalo de Dios llamado Jesucristo, el cual es capaz de ayudarnos a lograr **los resultados que de verdad necesitamos**.

El celo del Señor lleva consigo el uso completo del poder, la fuerza, el fervor y la firmeza del SEÑOR Dios mismo para ejecutar sus propósitos. La razón es que él no puede arriesgar que su reputación sea manchada. Una inhabilidad por su parte para funcionar, si acaso pudiera haber una, lo hace un mentiroso (un hijo del diablo (Jn. 8:44)). Por no ser fiel, etc., de hecho, hubiera minimizado su propia esencia de ser y personalidad. Dios por eso no puede estar en una situación que no va a ser modificada para hacerse mejor. Al Cristo venir, viene con toda la fuerza de lo alto del cielo; para asegurarse que las cosas van tal como lo declararía su gloria.

Con Cristo somos más que conquistadores. Cristo con usted lo convierte en la mayoría. Jesucristo con usted lo convierte en un ganador. Jesús es lo que hace la diferencia de significado, el cual está en cada reino de existencia y acción. Jesús venció la muerte y está vivo para siempre y tiene las llaves de la muerte y del Hades (Ap. 1:18). La biblia dice que al nombre de JESÚS cada rodilla tiene que hincarse; tanto como en la gloria, la tierra o bajo la tierra no sólo hoy sino también en el mundo que está por venir. Todo el poder en el nombre de Jesús. La biblia dice que todos los que invoquen el nombre del Señor serán salvos (Hch. 2:21).

Solo piense en ese nombre cargado de tal poder maravilloso para liberar a los humanos. Jesús, cuando opera en nuestras vidas, es una victoria. En las páginas de libros de historia de la iglesia, encontramos historias degradantes de algunas personas que se llamaban a sí mismas cristianas y fueron categóricamente vencidas en una guerra que llamaban cruzada. **Una cosa debe de ser aclarada, que el Dios de la biblia nunca puede perder en ninguna batalla y por eso no puede llevar a nadie también a perder**. ¿Quién puede pelear en contra de él (Is. 42:13, 14, 43:13)? ¿Quién? Él es el Maestro de de todos los maestros, Rey de todos los reyes y el Soberano de todos los soberanos. Él está más arriba de todos los tronos, autoridad, los principados y los poderes en cada reino. La biblia dice en Efesios 1:19-21 '*y cuál la supereminente grandeza de su poder para con nosotros los que creemos, según la operación del poder de su fuerza, la cual operó en Cristo, resucitándole de los muertos y sentándole a su diestra en los lugares celestiales,* ***sobre todo principado y autoridad y poder y señorío, y sobre todo nombre que se nombra, no sólo en este siglo sino también en el venidero.'***

El que uno opere su vida con el celo del Señor significa que usted ha entregado su vida al Señorío de Jesucristo nuestro Señor. Esta entrega lo lleva y le da el poder para convertirse en más que un sólo vencedor. Prácticamente, su cuestión se convierte en la de él y él pelea por usted. Al él atender sus asuntos diarios de la vida, usted está entonces bajo su cuidado y control directo y él lo respalda con todo lo que él tiene. Desde luego que usted está encontrando provisiones divinas y poder para prevalecer en esta vida y en lo sucesivo.

La pelea entonces se convierte en la pelea de él. El nombre de él entonces será el que esté en juego por usted. Un suministro abundante de liderazgo, dirección, recursos, protección, favor, etc., en otras palabras bendiciones. Piense en ello.

De verdad que no debemos perder esta oportunidad de oro por cualquier arrogancia mundana. Dios quiere que tengamos todo esto para nosotros y para su gloria. Su vida no tiene que ser la misma otra vez. Dios lo bendice inmensamente.

Capítulo Diez
El Aumento

'Bendecirá a los que temen a Jehová, a pequeños y a grandes. Aumentará Jehová bendición sobre vosotros; Sobre vosotros y vuestros hijos.'

Salmos 115:12-15

'Cualquiera que se aferra a él y se entrega a su Señorío experimentará un sin límite de bendiciones y amparo.'

Osmond

Un aumento, definido por el Webster's New Students Dictionary trae consigo las siguientes ideas:

- Convertirse más grande en tamaño, numero, valor, o poder
- Multiplicarse en crías
- Añadir o agrandar en tamaño, medida o cantidad
- Algo añadido a la población original por agrande o crecimiento

El primer punto parece incluir el resto. Por lo tanto recibir un incremento en la vida de uno envuelve el recibimiento de un aporte para convertirse más grande en tamaño, numero, valor o poder.

Así que primero habrá un aporte un su vida. Segundo, este aporte tendrá un impacto en su vida el cual resulta en que usted se convierta más grande en **valor, poder, numero o tamaño.** Convertirse en más grande significa que usted se convertirá en alguien mejor de lo que usted ya era.

El **valor de una persona** tiene que ver con su valor relativo, importancia, uso o estima. Involucra sus honores personales; lo grande que su círculo de influencia es. Lo indispensable que usted es, es de lo que estamos hablando. Envuelve el grado hasta el cual la gente lo usa a usted como un ejemplo a seguir, como el publico lo ve, etc. De hecho, parecería que sólo estamos preocupados con las esferas físicas de la vida, pero no es así. Algunas personas son tan bien conocidas en el reino espiritual y su impacto tan grande que hasta los demonios pudieran testificar al respecto. La biblia recuenta dos incidentes en los cuales Pablo fue identificado como una amenaza para el reino de la oscuridad. En Hechos 19:15, el encuentro de los siete hijos de Esceva con los espíritus malos es un incidente. Segundo, en Hechos 16:16-18, el encuentro con la muchacha quien tenía el espíritu de premonición, ambos testifican sobre el impacto de los actos de Pablo sobre el campo del demonio.

Estimados, el valor espiritual de una persona es más atrayente porque su impacto sigue hasta la eternidad. Podría ser al evangelizar gente para entrar en el reino de Cristo. Podría ser a través de un intenso y extenso esfuerzo de oración para desestabilizar los actos del maligno.

Puede también ser una exposición constante de la Palabra de Dios para construir fe en las personas. De cualquier manera que usted guste verlo, los dividendos son más poderosos y es hasta la eternidad que invertimos en las almas de los individuos.

Podríamos ver el valor de la persona en los círculos físicos, académicos, sociales, políticos y de negocios en términos de cuanta influencia la persona tiene en estas áreas. El respeto que la persona comanda. El nivel de autoridad que la persona profesa.

El aumentar de valor tiene que ver con el nivel de influencia de la persona en cualquiera de estas áreas. También envuelve en convertirse más grande, mejor, más fuerte y mucho más que antes.

Podría ser físico o espiritual, pero el hecho es que el individuo ha crecido en ese campo en particular. Alguien podría empezar como un maestro nuevo en una escuela primaria en una zona rural, la cual no podría ni siquiera estar en un mapa, pero terminar como un profesor en una universidad prestigiosa con el tiempo. Alguien podría empezar como un predicador laico en un lugar oscuro pero podría terminar con un 'mega' ministerio completo con transmisiones de radio y TV.

El aumentar en **poder** envuelve el crecimiento de su capacidad para hacer cosas porque el poder tiene que ver con hacer cosas. El hacer cosas requiere de ciertos ingredientes. Así que estos ingredientes constituyen poder en el sentido de que con ellos usted puede hacer cosas. Estos son: riqueza, conocimiento, sabiduría, habilidad, fuerza, salud, autoridad y recursos, etc. Todos estos son componentes del poder para hacer las cosas. Cada uno de ellos es esencial y crucial para el rendimiento en cualquier circunstancia.

Por eso aumentar también significa, **el crecimiento en capacidad para hacer las cosas y su habilidad para aumentar su rendimiento** en cualquier cosa que usted esté haciendo. Así que el tener la habilidad de hacer las cosas bien, mejor y más de ellas se refiere a un aumento.

Vemos un aumento también en la elevación de números en cualquier sentido. Por ejemplo, uno podría empezar con una tienda y terminar con una cadena de tiendas. Alguien podría empezar a invertir con un capital muy escaso pero podría terminar con billones. Otro podría ser un ministro quien comienza una congregación con sólo su familia y más tarde el número de miembros se eleva a los miles.

Aquí se toma cuidado en que el aumento es considerado solamente en lo positivo, no por ejemplo, con el comienzo de una monogamia y acabar con una poligamia. No estamos hablando de ir de robo a tráfico de drogas y robo armado. Tampoco estamos hablando de cambiar de novias a ser filmado en pornografía. La idea de un aumento en número de una manera también significa crecer de tamaño. Estas palabras algunas veces son usadas intercambiablemente para significar lo mismo. Por eso la idea general que uno toma de la palabra aumento tiene que ver con crecimiento en calidad, cantidad, uso, poder, influencia, etc.

El Aumento de Dios

El texto dorado, Isaías 9:7, la biblia dice que '***Lo dilatado de su imperio*** *y la paz no tendrán límite, sobre el trono de David y sobre su reino, disponiéndolo y confirmándolo en juicio y en justicia desde ahora y para siempre. El celo de Jehová de los ejércitos hará esto.*'

La biblia habla aquí del aumento del control de Dios sobre la situación y como la paz que él provee no conocerá límites si él está en control verdadero de nuestras vidas. Dios es el único capaz de bendecir a la gente infinitamente; una bendición sin medida, una bendición con efectos para siempre, una bendición que abunda hacia la eternidad.

Hay muchas páginas en la biblia, mi estimada(o) lector(a), en las cuales Dios habla de sus aumentos. El aumento de Dios tiene que ver con Jehová mismo quien es la causa de que las cosas simplemente funcionen a su favor. Estamos hablando de la situación en la cual las cosas pudieran ser adversas, frustrantes, de menosprecio y de ninguna esperanza aparente. Cuando la divina mano del más alto Dios, el creador de todos los cielos y la tierra, quien por su permiso y poder vivimos, nos movemos y tenemos nuestro ser, comienza a maniobrar sobre las turbulentas aguas de su situación, las cosas se sesgan hacia su victoria. Se necesita de Jesús para que el avance sea duradero y pueda durar más tiempo.

Las situaciones imposibles nos sonríen. No es por poder militar o por poder intelectual y académico sino por el espíritu del Señor; las montañas se hacen pequeñas y los valles se llenan. Cuando este regalo llamado Jesucristo opera en su vida, mi amiga(o) es cuando el fallo de la más alta corte del universo determina el ganador (Dn. 7:9). Cuando alguien satisface sus condiciones para operar arriba mencionadas y está debajo del 'aumento del Señor,' el poder cambia de manos a favor de la persona.

No solamente él logra que su puerta de avance se abra sino que también logra que la puerta se amplié. Él aumenta las oportunidades de expansión más allá de todo lo que nos pudiéramos imaginar. Su gracia y poder son capaces de hacerlo que se convierta en todo lo que usted se pueda convertir en él y a través de él (2 Co. 9:8).

La biblia dice en Salmo 115: 12-15, *'Jehová se acordó de nosotros; nos bendecirá; Bendecirá a la casa de Israel; Bendecirá a la casa de Aarón. Bendecirá a los que temen a Jehová, A pequeños y a grandes.* ***Aumentará Jehová bendición sobre vosotros****; Sobre vosotros y sobre vuestros hijos.*

Cuando el Señor le prometió a Abraham que él le iba a aumentar el número de su semilla poco sabía Abraham que de verdad Dios aumentaría su semilla y que no podría contar su posteridad la cual incluía todo quien vendría a Dios a través de Jesucristo. En aquel tiempo Abraham no tenía ni un hijo. Interesantemente, la naturaleza del incremento de Dios es capaz de transformarlo de un peregrino de cabello gris sin hijos al padre de muchas naciones de quien la posteridad es un incremento continuo hasta que somos encaminados hacia la eternidad. Con el incremento de Dios, José, el esclavo hebreo, se convirtió en uno de los gobernantes más inteligentes y poderosos de una tierra extranjera. La capacidad de operar de José salvó al mundo de entonces de los peligros de la hambruna. Por el aumento de Dios, David, el pastor, se convirtió en el rey más grande de Israel cuyo trono aún existe hoy, espiritualmente, y continua por siempre.

Estimada(o) así es como Dios pudiera aumentarle a través de Jesucristo, su regalo. Si él lo hizo por José, David, Abraham, etc., él lo pudiera hacer por usted. Él dice que no hace acepción pero que en cualquier tierra donde la gente le brindó reverencia a Dios y vivió correctamente fueron aceptados (Hch. 10:34-35). La biblia dice que Dios conoce los pensamientos que él tiene de usted; pensamientos no de maldad sino de bien con los que lo podría bendecir y darle un final esperado. Él es todavía el mismo Dios. Él no cambia (He. 13:8). Si usted fuera a adherirse a este regalo que Dios ha propuesto para usted con toda la seriedad que se debe, de este día en adelante, su vida no será la misma otra vez. Por su gran amor hacia usted, es su deseo ferviente bendecirlo y darle el poder para prevalecer en la vida; para que usted tenga una influencia que pueda tener un impacto duradero en su generación.

No piense que es tarde por su edad. Hay muchos ejemplos en las escrituras de las vidas de personas mayores que recibieron intervención divina a través de su fe y tuvieron un testimonio a su edad mayor. También encontramos a otros en situaciones sin esperanza aparente. Tenemos ejemplos como Sara (Gn. 21:1-5), Elizabeth (Lc. 1:36), Rahab (Jos. 6: 21-25), Sadrac, Mesac y Abed-nego (Dn. 3:1-30). No nos olvidamos de la viuda de Sarepta (1 R. 17:8-16), la mujer encorvada (Lc. 13:10-13), los discípulos (Lc. 8:22-24), Pedro (Lc. 5:4-8), etc. De hecho, esta lista podría seguir indefinidamente. Pienso que también necesitamos intervención divina en nuestros ministerio, matrimonio, negocio, al tener hijos y crearlos, carrera, etc. Hablando honestamente, usted y yo necesitamos a Dios. Las estrategias humanas y las experiencias tienen un límite y nos fallan. Si fuéramos sinceros, sólo hay que ver alrededor, la confusión, la degradación moral, las guerras, el hambre, las enfermedades, las trampas financieras, etc., todas son pruebas de esto. Querida(o) lector(a), necesitamos a Dios para cada día de nuestras vidas. A través de su regalo llamado Jesucristo, Dios está bendiciendo e interviniendo en las vidas de otros. ¿Por qué no en la de nosotros?

El Límite a su Aumento

El aumento de Dios no tiene límites. Los límites podrían depender, primariamente, de su fe y la dependencia en Dios; lo que usted pueda imaginar, su cumplimiento con los principios de Dios.

La biblia dice en el libro de Malaquías 3:10, *'Traed todos los diezmos al alfolí y haya alimento en mi casa; y probadme ahora en esto, dice Jehová de los ejércitos, si no os abriré las ventanas de los cielos, y derramaré sobre vosotros bendición* ***basta que sobreabunde****.'*

Dios está haciendo aquí una apuesta, si usted desea, para quien rete a Dios. Dios está llamando a un ser humano para que ponga a prueba el poder de Dios para bendecirlo(a) y número dos, la medida a la cual la bendición podría llegar. Es hora de que tomemos a Dios en serio y este reto que nos ha puesto.

Sin duda, sin compromiso, déjeme declarar categóricamente que Dios posee el poder para bendecir a una persona. De hecho, la biblia dice que es Dios quien nos da el poder para hacer las riquezas (Dt. 8:18). La habilidad, el conocimiento y la capacidad para generar riqueza de cualquier persona vienen de Dios. Observe ahora cuidadosamente algo: Él tiene todo recurso del universo, espiritual y físico a su mando. La tierra y su plenitud son del Señor. La biblia dice que todas las cosas fueron hechas por él y para él, y por su propio placer fueron estas hechas. Así, él puede mandar que las cosas vengan hacia usted como él desee; nadie lo puede cuestionar en nada de lo que él hace. Verdaderamente entonces, el poder para que nosotros tengamos las mismas cosas que él ha hecho viene de él; porqué estas cosas son para él y están a su disposición.

Por eso, si alguien es verdaderamente rico, esta persona debe estar agradecida y no ser arrogante. Al él desear o al haberlo predestinado a tener riqueza, él lo hace que obtenga la necesaria sabiduría, conocimiento, habilidad, oportunidad, urgencia, gracia, etc. para poder adquirir riqueza.

Segundo, Dios está diciendo que él puede bendecirlo indefinidamente. Así, sin límites, para que aún después de su muerte y posteridad esté disfrutando de los frutos de sus bendiciones. Mi estimada(o) lector(a), si el mismo Dios Todo Poderoso nos está dando este reto tenemos que creerle y tomarlo. Esto es porque él nos puede bendecir verdaderamente más allá de los que pudiéramos imaginar o soñar. Esto es porque si él no es capaz de realizarlo, si es que cumplimos con las condiciones, eso lo hace a él un mentiroso e infiel, y esto hace que no merezca que se le venere. Por eso, esto pone la reputación de Dios en juego.

El Dios sin límite tiene el poder para bendecir a una persona en un nivel sin límites. No se equivoque. Es perjudicial para nosotros si lo hacemos. Tenemos que ceder a todo costo a él para tener su favor y bendiciones.

Algunas personas limitan lo que Jesús pudiera hacer únicamente a la salvación de nuestra alma. Pero, mi estimada(o), Jesús nos está llamando a cosas más allá que esto; aún que esa es la entrada a todas las demás bendiciones. El Señor nos llama a compartir su vida con nosotros y a compartir la nuestra con él. Esto es maravilloso. Es una de las revelaciones más poderosas de las Sagradas Escrituras.

Sólo vea en Apocalipsis 3:20, '*He aquí, yo estoy a la puerta y llamo; si alguno oye mi voz y abre la puerta, entraré a él, y* ***cenare con él, y él conmigo.***' El comer juntos en este texto indica que Jesús nos está llamando a compartir lo que él tiene con nosotros y lo que nosotros tenemos con él. Este llamado es hecho en luz de su amistad y compañerismo hacia un individuo o un grupo de individuos que podríamos llamar la iglesia. Jesús desea compartir los problemas, fallas, alegrías y triunfos con nosotros (1 P 5:7). Por otro lado él quiere compartir todo lo que tiene con nosotros.

Lea esto: Su autoridad (Lc. 10:19, Ef. 1:19-2:6, Ap.3:21), como hijo de Dios (1 Jn. 3:1, Jn. 1:12) y como el Heredero de Dios (Ro. 8:17, Gá. 3:29, Gá. 4:7). No lo estamos olvidando como el Juez venidero (1 Co. 6:2,3), su morada (Jn. 14:1-4), etc.

¿De verdad sabemos lo que este regalo de Dios puede hacer por nosotros? Querida(o), por favor deténgase por un momento y reflexione, reflexione de verdad, acerca de la medida a la cual usted experimenta en su vida personal a este Jesús del que estamos hablando. ¿A qué medida está el Señor en su vida? Tal vez usted esté pasando por momentos difíciles o en su caso tal vez las cosas estén bien aparentemente. En medio de todo esto, no debemos ignorar el amor de Dios y lo que realmente Jesucristo desea para nosotros.

Vamos a rezar. Examine su vida. ¿Está usted en el camino correcto? ¿Han sido sus sueños destrozados? ¿Está en total confusión? ¿Está usted en un fiasco marital? ¿Qué pasa con sus hijos? ¿Son rebeldes? ¿Todo lo que toca de alguna manera falla? ¿Su trabajo se ha ido a la bancarrota? ¿Ha aceptado la confusión alrededor suyo como alguna de estas cosas pero en el fondo le lastima constantemente? Los brazos de Jesucristo están abiertos para usted. Sea sincero con usted mismo y con el Señor. No se dé por vencido aún.

La Máxima Bienaventuranza

Dios es eterno. Los planes para las personas a las cuales él les llama son también eternos. Hasta este momento todas las cosas que hemos discutido son limitadas a la vida física al estar viviendo en la tierra. Los planes que Dios tiene para USTED van más allá de este mundo. Van hasta el próximo mundo y de allí a la eternidad. Esto sucede porque no somos creados por Dios para vivir en este planeta tierra y luego morir después de un tiempo. La existencia de una persona va más allá de este mundo.

El ser humano es esencialmente un espíritu que tiene un alma y vive en un cuerpo (1 Ts. 5:23). El espíritu es el centro de la conciencia de Dios. Con ella tenemos comunicación con Dios, quien es un espíritu. Con nuestro espíritu tenemos contacto con el mundo espiritual. El alma de una persona es el centro de la conciencia propia. Con el alma poseemos el ser uno mismo. El alma tiene tres facultades: la mente, la voluntad y las emociones. La mente es el centro del pensamiento y razonamiento. Las decisiones son tomadas con la mente. La voluntad es la capacidad para escoger entre varias cosas, es el poder de decisión. Las emociones son la capacidad para sentir. Con nuestras emociones entonces somos capaces de sentir y expresar este sentimiento, ya sea agradable o no. El cuerpo es el centro de la conciencia física. Con el cuerpo tenemos conciencia de nuestro ambiente físico y la capacidad para interactuar con él.

Así el espíritu y el alma son aspectos no físicos de un individuo. El alma y el espíritu de una persona se juntan en el cuerpo por la cadena de plata. Después de la muerte física, cuando la cadena de plata se rompe (Ec. 12:6), estos dos como una sola entidad, regresan al Creador que es Dios (Gn. 3:19, Ec. 12:7). La esencia de este regreso es para ser juzgado por las cosas hechas cuando se le dio permiso de permanecer en la tierra en este cuerpo terrenal (2 Co. 5:10, He. 9:27, Ec.12:13,14). Este juicio ante Dios lo pondrá en la condena eterna o en la bendición eterna. Este juicio será basado únicamente en las normas de Dios las cuales son sagradas y verdaderas sin parcialidades o acepción de personas (Mt. 25:31-46, Ro. 14:11, 12).

Este es el plan de Dios. El ser humano es creado y puesto en la tierra para expresar la imagen de Dios en él/ella y para tener dominio sobre las cosas que Dios ha hecho (Gn. 1:26, 27). Después de la muerte, usted tiene que responderle al que le dio permiso de estar aquí. Si a usted se le encuentra culpable, usted será condenado eternamente. Si a usted se le encuentra justificado, usted será bendecido eternamente (2 Ts. 1:7-10, Ap. 20:10-15, 21: 1-8).

Al hablar de la ultima bendición, mi estimada(o), estamos realmente hablando de tres cosas. Primero, el estar en la posición donde recibimos las bendiciones de Dios en la vida física. Segundo, usted experimenta el juicio justificado. Por último, usted se regocija eternamente en la Presencia Sagrada del Señor Jesucristo. ¡Se regocija eternamente! Este es el plan de Dios para usted. Nada debe de detenerlo para obtenerlo. Así no nos estamos limitando a tener sólo las cosas de esta vida, mi estimada(o). No debemos de pensar que sólo el obtener riqueza en el presente es lo que importa. Reconsidere y no descuide los hechos eternos que pesan. La biblia dice que somos de todas las personas las más miserables y desdichadas si nuestra mente está viviendo sólo para el día de hoy (1 Co. 15:19). Debemos de tener una perspectiva eterna sobre todas las cosas.

La Palabra de Dios categóricamente niega la evolución y reencarnación. Estas son ofensas de los mundos del oeste y el oriente respectivamente en contra de la sabiduría de Dios. La razón detrás de estas ideas es el ateísmo; la negación total de Dios. Algunas personas son ateas por su manera de vivir. Niegan a Dios completamente en su corazón y no en palabra por el temor de que la sociedad los vea como blasfemadores (Salmos 14: 1,2). Estas ideas extrañas buscan que los individuos no reconozcan y retengan a Dios para nada en sus pensamientos. El creer en la teoría de la evolución simplemente significa que usted no tiene un creador y que por tal usted no tendrá que rendir cuentas por ninguno de sus actos después de esta vida. La teoría de la evolución niega el pecado original y la naturaleza pecadora del ser humano la cual hizo que Cristo, quien es Dios, bajara como un ser humano y muriera por nosotros para ser salvos. Por eso las ideas de que una persona necesite salvación y de Jesús como el Salvador de la humanidad, si se creen, son reducidas a escombros. La teoría de la evolución no le encuentra sentido a Dios, su juicio y sus planes para los seres humanos. La reencarnación es muy similar a la evolución en muchos aspectos pero niega completamente que a una persona se le da la oportunidad de vivir en este planeta una vez y después del juicio (He. 9:27).

Irónicamente, Dios ha manifestado fundamentalmente dentro de cada persona que él, Dios, de verdad existe (Ro. 1:19). La negación de su existencia es propuesta únicamente por gente arrogante quienes no quieren acercarse a la luz, al Señor Jesucristo, y como un reto a la verdad (Jn. 3:19-21). No quieren entregarse a Dios o rendirle cuentas por orgullo. Ya se reirán del lado equivocado de sus bocas. Estos pensamientos son demoniacos que vienen desde lo más profundo del infierno, calculados para engañar y esclavizar a los individuos a la condena eterna. Profesando ser sabios, se hicieron necios (Ro. 1:21-23). Los defensores más grandes de estos pensamientos o los líderes de estos movimientos son verdaderos ocultistas y satanistas.

Para ser sincero con usted, si cualquier persona humildemente recurriera a sus sentidos internos sobre la existencia de Dios, la persona sabrá lo que Dios es. No sea arrogante hoy y se ría de este hecho y termine eternamente en llanto en el lago de fuego preparado para el demonio y sus seguidores (Ap. 20:11-15, 2 Ts. 1:8, Mr. 9:43-48, Mt. 25:41). Mi estimada(o), sea advertido y sea sabio. Recuerde que Dios no quiere que pase usted por esto. Dios lo quiere (Juan 3:16).

Es el deseo de Dios que usted sea bendecido con una vida eterna. Jesús dice, ***'¡Vine para que usted tuviera vida y la tuviera más abundante!'*** Decídase a ir únicamente por lo definitivo mi estimada(o) y no cosas mediocres que usted haya 'podido sobrepasar.' Tenga una disposición eterna. Estamos hablando de estar bendecido ahora y por siempre, de la bendición definitiva.

Capítulo Once
La Resolución Personal

'Que su decisión y resolución tengan valor hoy y en la eternidad.'

Osmond

La Apreciación del Regalo

Con todas las cosas que hemos discutido hasta ahora: acerca de Dios y de su regalo para la humanidad llamado Jesucristo; uno podría hacer varias deducciones significativas.

Estas deducciones son que Dios de verdad existe. Este tratado defiende que Dios es único en el sentido verdadero de la palabra. Este Dios tiene un amor infinito por el hombre hasta el punto de no poder ignorar la lucha del hombre mortal sino de ir un paso más adelante por nuestro bien y sacrificar a su propio hijo Jesucristo por nosotros. Para que todo aquel quien en él cree, no se pierda, mas tenga vida eterna (Jn. 3:16).

Una persona sin Jesucristo, de acuerdo a la escritura acabada de señalar, se pierde y por eso necesita un salvador. El hombre ha caído en el pecado y ha sido destituido de la gloria de Dios (Ro. 3:23). Por una persona (Adán), el pecado y la naturaleza caída pasaron a toda la humanidad. Así, por el pecado de un hombre y su consecuencia, la cual fue la muerte, esta fue pasada a todos los seres humanos, pero a través de Cristo todos somos vivificados (1 Co. 15:21,22).

La caída del hombre hizo que la naturaleza tripartita del hombre se corrompiera. El espíritu del hombre se corrompió de servir y alabar al Dios viviente al alabar a la criatura (hombre, animal, plantas, demonios); en lugar del Creador quien es bendecido por siempre. La idolatría es entonces la degradación del espíritu del hombre.

La caída del hombre corrompió nuestra carne. Los seres humanos entonces tuvieron la tendencia de estar envueltos en todo tipo de perversión sexual. No es una sorpresa que podamos tener algunos de los ministros del evangelio en escándalos sexuales hoy. Algunos por hacer obras malas hasta conducen bodas para parejas que aparentemente no pertenecen al cuerpo de Cristo como matrimonios. Algunos grupos de iglesias tienen rastros lamentables y vergonzosos de indecencias sexuales, hasta con menores, cometidos por sus ministros. Mentes reprochables y abominación sobre abominación de los trabajadores y ministros del diablo, es lo que tenemos hoy (Ro. 1:21-27). La pornografía en libros, películas, programas de computación, el internet, en la moda, en los anuncios, es el orden de la humanidad hoy en día. La inmoralidad sexual es la degradación de nuestra carne al nivel animal; donde nos sentimos avergonzados del sexo ilícito de igual manera que hacen los animales.

Tercero, la caída del hombre corrompió nuestras almas a través de pasiones, imaginaciones y emociones no ordinarias. La arrogancia, explosiones de rabia, asesinato, extorción, violación, apoderación ilícita de bienes por unos cuantos, robo, asesinatos rituales, etc. son una prueba. De hecho, la lista podría seguir y seguir.

Los seres humanos se desconectaron del Señor Dios por el pecado (Gn. 3:8, Is. 59:1,2). Los seres humanos por su propio esfuerzo no pudieron regresar a Dios. Esto es porque no hay nada en el individuo contaminado y la tierra totalmente condenada que pudieran cumplir con las normas sagradas y justas de Dios (Ge. 3:17-19, Is. 64:6). La justicia de Dios exige castigo por cada pecado cometido. Por eso en el pecado y bajo la ira y juicio del Señor todo poderoso, el ser humano está condenado (Ro. 1:18, Jn. 3:36).

Dios entonces, por amor, tuvo que encontrar un sacrificio para él mismo que pudiera cumplir con sus propias normas. Para que por ese sacrificio, Dios pudiera ser apaciguado (Ap. 19:13-**15**) y el hombre pudiera una vez más regresar a Dios (el pago del pecado es la muerte, Ro. 3:23). Esto es para que tengamos la oportunidad de tener las bendiciones de Dios en este mundo y en la eternidad también. Y así poder estar reconciliados con Dios una vez más. Este sacrificio de Dios mismo quien se hizo pasar por humano en la persona de Jesucristo para morir por los humanos. ¿Qué tan profundo es su amor por nosotros? Dios nos demostró su amor al Cristo morir por nosotros cuando todavía éramos pecadores (Ro. 5:6-8).

Cuando una persona cree en este sacrificio de Cristo, nos volvemos salvos de pecado y sus efectos, nos reconciliamos con Dios como sus hijos, tenemos la gracia de Dios, etc. De hecho, no hay salvación en ningún nombre más que en el de Jesucristo (Hch. 4:12). En su nombre se doble toda rodilla no sólo en este mundo sino en el que viene (Fil. 2:10). Así, a través de Jesucristo recibimos todo lo que Dios tiene para la humanidad. Él es el puente entre Dios y los seres humanos. Él lo declaro así, *'Yo soy el camino, la verdad, y la vida;* **nadie** *viene al Padre, sino por mí.'* (Jn. 14:6).

Piense sobre esta declaración. El artículo definitivo que califica estas tres cuestiones primordiales de la vida: el camino para que un individuo camine, la verdad que debemos de entender y la misma vida que una persona posee. Lo necesitamos a **él** para ser salvos. ¡Jesucristo! Él proclamó, *'Soy la resurrección y la vida, todo aquel que crea en mi no morirá sino que vivirá por siempre.'* Jesús declara que él es el pan de vida, el satisfactor de vida. El dice, *'Toda potestad me es dada en el cielo y en la tierra'* (Mt. 28:18). Este es Jesucristo, el Príncipe de Vida mismo. Por lo cual él puede salvar perpetuamente a los que por él se acercan a Dios (He. 7:25). ¡Estimado lector(a), necesitamos a Jesús!

El ser humano por el pecado y los efectos del pecado tiene **obstruidas** sus capacidades para rendir **óptimamente** en todas las esferas de actividad humana. Así, después de la caída del hombre se le ha hecho más difícil poder ejercitar todas las facultades al máximo con las que él/ella fueron creados; la gloria se ha ido. Esto también se ha hecho peor por la influencia de poderes demoniacos, los cuales han invadido nuestro planeta, y sutilmente ganado autoridad y poder sobre el hombre.

El diablo, el archienemigo de Dios y sus ángeles, ejercita autoridad sobre la humanidad hasta que Cristo aparece en la escena. La biblia le llama al diablo el adversario de la humanidad. Se opone a todo lo bueno que Dios le da al hombre. Ha estado mostrando oposición al hombre para que este por frustración maldiga, insulte y ridiculice todo lo que llamamos Dios. Trabaja 24 horas para asegurarse de que el hombre se olvide por completo de nuestro Creador. Desea que mejor le demos gloria a él, a nosotros, o peor, que nos degrademos a alabar cosas que Dios nos ha dado para gozar en este planeta (Ro. 1:18-32). Estos poderes del mal y sus agentes humanos no sólo buscan desviar la gente de Dios a través de filosofías falsas sino que también buscan influenciar gente negativamente haciendo la vida dura y vacía.

Aparte de reconciliarnos con Dios por la salvación en Cristo como fue mencionado antes, necesitamos a Cristo para poder sobre pasar estos dos contratiempos mayores que confrontan a la humanidad. En Jesucristo están consagrados la sabiduría y el poder para vivir en este planeta y prevalecer sobre estos dos contratiempos. La biblia dice que él es la Sabiduría y el Poder de Jehová Dios (1 Co. 1:23, 24). La biblia dice en Romanos 5:6 que, *'**Porque Cristo**, cuando aún **éramos débiles**, a su tiempo **murió por los impíos**.'*

Es así que todos los impíos no tienen la fuerza y el poder para prevalecer en esta vida desde la perspectiva de Dios. Si los impíos se dirigen a Cristo para buscar fuerza, estimados(as), hay victoria (Lc. 10:19). Jesucristo se nos es ofrecido para que podamos tener acceso a la sabiduría y poder de Dios para vivir exitosamente en este mundo. Estamos hablando de ser salvo, de ir por la vida como un hijo de Dios en santidad, disfrutar de las bendiciones de Dios en la tierra, atravesar por el juicio ileso y estar eternamente con el Señor con laureles de fidelidad. Jesucristo se nos da como el regalo de Dios para que cuando vayamos por su camino seamos merecedores de todas estas bendiciones. Él es capaz de **hacer que abunde en vosotros toda gracia y poder** para lograr cualquier cosa de acuerdo a su voluntad para su gloria (2 Co. 9:8, Ef. 1:16-19).

Usted estará de acuerdo conmigo estimado(a) lector(a) en que cualquier persona que desea bien no puede ignorar este regalo de Dios que abarca todo. Agradezca este paquete de Dios hacia usted. Él es para usted.

La Opción Necesaria

Aquí está la pregunta del billón de dólares: ¿Qué hago con Jesucristo? Esta es la pregunta que enfrenta el hombre mortal la cual concierne a la oferta que Dios nos hace. Esto le pasó a Poncio Pilato hace dos mil años; dejar ir a Jesús o crucificar al Señor de la Gloria. Pilato tenía toda la evidencia necesaria para aceptar a Cristo pero rechazó al rey de la gloria por el bien del mundo (Lc. 23:22-24, Mr. 15:15).

El apóstol Simón Pedro tuvo la misma oportunidad y rechazó a Jesucristo tres veces, pero gracias a Dios el humildemente se retractó y aceptó a Cristo. Jesús aceptó a Pedro y lo bendijo. Pedro fue elevado al estatus de apóstol por nombramiento del mismo Señor y ahora su nombre es uno de los cimientos del Nuevo Jerusalén (Ap. 21:10-14).

Judas Iscariote tuvo la misma oportunidad pero la perdió con una de las traiciones más extraña, grotesca y cruda de la historia de este mundo. Sí, él caminó con Jesús, comió con él, lo escuchó predicar y hacer milagros y aún así le hizo lo que le hizo al Señor de los señores. Judas traicionó al Señor con ese beso maldito.

El segundo ladrón en la cruz supo que hacer mejor e hizo lo correcto, lo cual pienso que le ganó la vida eterna. La evidencia enfrente de él fue suficiente para convencerlo de que lo más sabio por hacer era humillarse y rendirse al Señor para conseguir piedad, perdón y salvación. ¡La biblia dice que el Señor Jesucristo levantó a esta persona el mismo día para estar con él en el paraíso! Que gloriosa imagen de nuestro Señor misericordioso en acción. ¡Usted también podría tener la misma elevación hoy mismo!

Todas las personas mencionadas y muchas más tuvieron la misma o algunas oportunidades similares para aceptar o rechazar al Señor como la tiene usted en este momento. La biblia dice Jesús es la Luz del mundo que iluminó el camino de cada hombre que vino a este mundo (Jn. 1:4-10). Judas, Pedro, el ladrón, Pilato, etc. no están con nosotros ahora. Usted se habrá reído de las decisiones tomadas por estas personas sobre Cristo. Este es nuestro tiempo y generación. ¿Qué está haciendo con respecto a este regalo de Dios llamado Jesucristo? Esta es una resolución personal y la más importante que uno tiene que hacer. No es sólo de recibir a Jesucristo como el Salvador de su alma. Va más allá que esto. Jesucristo desea ser el Señor de su vida para su propio bien.

Por favor, querido(a) lector(a), es mi más ferviente oración que usted reciba este regalo de Dios y le dé al Señor Jesucristo una oportunidad en su vida. No deje que el adversario (1 P. 5:8) use el orgullo de la vida, la lujuria de la carne y la lujuria del ojo para engañarlo. Usted habrá ya recibido a Jesús como su Salvador hace mucho tiempo. **Es hora de que usted experimente tangiblemente el poder vivo y la vitalidad de la vida de Jesucristo en sus situaciones y circunstancias diarias.**

Muchos leen acerca de la oración, pero permanecen sin oración alguna. Otros leen sobre éxitos financieros pero permanecen pobres y en bancarrota. La clave para ser elevado de la falta a la abundancia, de la tristeza a la alegría, del atraso hacia las bendiciones, etc., recae en la acción práctica en la cual usted ponga el conocimiento recibido. En otras palabras, usted se beneficia de esta publicación, si usted toma el conocimiento que ha recibido el día de hoy y lo pone en acción.

EPÍLOGO

Jesucristo es el Señor. Él nos invita a usted y a mí cada día de nuestras vidas a ir hacia él; todos los que laboramos y traemos cargas pesadas, él le dará descanso a nuestras almas. Jesucristo es el único amante de su alma. La biblia dice que una madre lactante puede negar y rechazar la lactación pero el Señor nunca lo rechazará, ni lo desamparará. Todos los humanos podrían rechazarlo pero Jesús nunca los abandonaría. Él dice que **todo el que viene a él, él no abandonará.**

Jesús es el único **Levantador** de su cabeza. El ascenso es del Señor; no viene del este y no viene del oeste sino del Señor.

Porque las tormentas y los fuegos de la vida, mi estimado(a), por seguro vendrán. El Señor ha prometido en Isaías 43:1-3a, *Ahora, así dice Jehová, Creador tuyo, oh Israel: No temas, porque yo te redimí; te puse nombre, mío eres tú. Cuando pases por las aguas, yo estaré contigo; y si por los ríos, no te anegarán. Cuando pases por el fuego, no te quemarás, ni la llama arderá en ti. Porque yo Jehová, Dios tuyo, soy tu salvador . . .* '

¡Qué promesa de un Dios tan fiel! ¿Qué más quiere en la vida? Vea el Salmo 94:14, *'Porque no abandonará Jehová a su pueblo, Ni desamparará su heredad.'* Nunca lo abandonará hasta que haya terminado su labor completamente con usted. Mi estimado(a), en conclusión, déjeme decirle que Dios quien su deseo es que usted encuentre sus bendiciones a través de su Regalo llamado Jesucristo desde sus riquezas en misericordia, poder y sabiduría, lo bendiga en todas las cosas que haga. Que pueda vivir a este Dios en proporciones cada vez mayores día a día. Que Dios lo bendiga.

Acerca del Autor

El pastor Osmond Owusu es nacido en Gana físicamente y cristiano espiritualmente. Está casado con Felicia Owusu y tiene cuatro hijos: Theresa, Frederick, Philip y Gideon.

El autor tiene un título universitario en matemáticas y ciencia y también es graduado de una escuela de estudios pastorales. Ha estado enseñando matemáticas y ciencia al nivel preparatoria. Ha estado activo en el ministerio cristiano y ha servido en distintas capacidades en las iglesias Asambleas de Dios o Assemblies of God (A/G) en diferentes lugares de Gana y también en la University Campus Fellowships. Ha sido un orador de las Asambleas de Dios en distintas conferencias juveniles a nivel regional y distrital en la región central de Gana. Ha sido un patrocinador de varias asociaciones de jóvenes cristianos.

El pastor Osmond ha estado en misión en India. Tiene academias pastorales para brindar apoyo a ministerios locales. Lleva acabo avivamientos y juntas de evangelio en los lugares que visita. También contribuye con ayuda humanitaria como agua y comida en lugares con una necesidad grande. El pastor Osmond también escribe materiales de escuela dominical para niños de dos a catorce años. El pastor Osmond también ofrece entrenamiento para maestros de escuela dominical en diferentes campos de entrenamiento y conferencias.

El pastor Osmond se encuentra actualmente en los Estados Unidos con su querida esposa Felicia y sus hijos. El autor es el pastor encargado de Christian Education en la iglesia First Assembly of God Church en Rockwall, Texas. El pastor Osmond todavía enseña clases de Cálculo y Pre-Cálculo avanzado en W.W. Samuell High School en Dallas.

Para ordenar copias y comentarios sobre este libro, invitaciones como orador, seminarios y avivamientos, el autor puede ser contactado por correo electrónico: osmondsco@yahoo.com

El pastor Osmond Owusu es el fundador y CEO de *Lifeline Christian Ministry*. El ministerio actualmente participa en varias misiones en países alrededor del mundo así como también cuenta con un programa de radio *Active Rhema Broadcast* que se escucha en más de 30 países alrededor del mundo. Usted puede ponerse en contacto con el pastor Owusu a través de su página web: www.osmondowusu.ning.com

www.ingramcontent.com/pod-product-compliance
Ingram Content Group UK Ltd.
Pitfield, Milton Keynes, MK11 3LW, UK
UKHW041939190726
13854UKWH00004B/1684

9 781617 647154